Jeanne Ruland

HEILIGE GEOMETRIE *in der Natur*

Schöpfungsmuster des Lebens und der Fülle entdecken und anwenden

Schirner Verlag

Die Ratschläge in diesem Buch sind sorgfältig erwogen und geprüft. Sie bieten jedoch keinen Ersatz für kompetenten medizinischen Rat, sondern dienen der Begleitung und der Anregung der Selbstheilungskräfte. Alle Angaben in diesem Buch erfolgen daher ohne Gewährleistung oder Garantie seitens der Autorin oder des Verlages. Eine Haftung der Autorin bzw. des Verlages und seiner Beauftragten für Personen-, Sach- und Vermögensschäden ist ausgeschlossen.

Wir verzichten auf das Einschweißen unserer Bücher – **UNSERER UMWELT ZULIEBE!**

ISBN 978-3-8434-1389-3

Jeanne Ruland:
Heilige Geometrie in der Natur
Schöpfungsmuster des Lebens
und der Fülle entdecken
und anwenden

Cover & Umschlag: Anke Müller & Elena Lebsack, Schirner, unter Verwendung von Illustrationen von Murat Karaçay, www.spiritualmedia.de, und #218733994 (©Creative Travel Projects), #388663342 (©Veronika By) und #162275375 (©Natali Zakharova), #144072169 (©Peter Hermes Furian), www.shutterstock.com
Layout: Elena Lebsack, Schirner
Lektorat: Kerstin Noack, Schirner
Printed by: Ren Medien GmbH, Germany

www.schirner.com

2. Auflage März 2020

INHALT

WIDMUNG

Ich widme dieses Buch dem Erwachen einer neuen Erde sowie allen Wesen auf der sichtbaren und unsichtbaren Seite des Lebens, die an diesem großen Plan mitwirken. Möge dieses Werk ein großer Segen sein, inspirieren, anregen und Impulse geben. Mögen wir unseren Plan erfüllen und alles in eine neue Zeit des Friedens erheben.

Aloha, in Liebe
Jeanne Ruland

HINWEIS ZUM BUCH

Leben ist spirituell.

Dieses Buch gibt einen Einblick in die Heilige Geometrie der Natur, in die große Weisheit und Verbundenheit allen Lebens. Neben einer Einleitung zur Heiligen Geometrie in der Natur und einem kurzen Überblick über die Grundbausteine der Schöpfung führt es Schritt für Schritt durch die verschiedenen Reiche und Welten unserer Erde.

Es erhebt keinen wissenschaftlichen Anspruch und keinen Anspruch auf Vollständigkeit. Es möchte lediglich den einen oder anderen inspirierenden Impuls geben. Bitte nimm die Zeilen in dich auf, die dich ansprechen und dazu inspirieren, deinen eigenen Weg ins Erwachen und in die Verbundenheit mit allem Leben zu tun, und lasse die Gedanken und Impulse, die dir nicht liegen, bei mir. Probiere gern die genannten Übungen aus, und wende die Erkenntnisse an, bringe jedoch auch dein eigenes Wissen und deine Erfahrungen mit ein.

Jedes der Kapitel in diesem Buch könnte Bücher füllen. Wenn dich ein Kapitel besonders anspricht, so traue dich, selbst weiterzuforschen. Jeder von uns ist einzigartig und hat einen individuellen Zugang zur Weisheit der Natur und des Universums. Gemeinsam bilden wir das Hologramm der Neuen Zeit. Nicht Entweder-oder, sondern Sowohl-als-auch. Nicht Welten trennend, sondern Welten verbindend und vereinend. In der unermesslichen Liebe des göttlichen Lichts hat alles seinen Platz, alles seinen Raum und alles seine Aufgabe. Alles ist lebendig und beseelt, durch die Heilige Geometrie verbunden und in Form gebracht.

Wir sind in Form gebrachte Ewigkeit.

EINFÜHRUNG

HEILIGE GEOMETRIE – die Natur ist in uns

»Gott schläft in den Steinen,
atmet in den Pflanzen,
träumt in den Tieren
und wartet auf das Erwachen im Menschen.«
(Indische Lebensweisheit)

Eine Quelle unermesslicher Weisheit liegt in der Natur, in jedem Geschöpf und in jedem Grashalm verborgen. Wenn wir uns die Zeit nehmen, in der Natur zu meditieren, Blüten, Blätter, Tiere und Formen zu betrachten und uns immer tiefer auf das lebendige Wesen und die Geometrie hinter der sichtbaren Form einlassen, tauchen wir in eine Quelle ein, die unermesslich weise, intelligent und vielfältig ist und die sich immer wieder auf neue Weise generiert und weiterentwickelt. Wir tauchen ein in einen Ozean der Energie, die einfach überall ist, die überall pulsiert, fließt.

Das All ist Geist, das Universum ist geistig.
Nichts ruht, alles ist in ständiger Bewegung, alles schwingt.

Die Natur bringt einzigartige Formen und Muster hervor, die sich immer aufs Neue wiederholen, in Ewigkeit und Perfektion und in einer Leben spendenden Weise, die wir Menschen nie vollkommen nachempfinden können. Wir können Dinge erforschen, sie untersuchen und auseinandernehmen, doch werden wir den Lebensimpuls, der einen Frosch zum Quaken und Hüpfen bringt, der einen Vogel singen lässt, so nicht finden können. In der Beobachtung von Einheit und Ganzheit offenbaren sich das Wunder des Lebens und die Weisheit der Natur. In der stillen Kontemplation und Kommunikation mit der Natur und ihren Wesen erhalten wir Geleit und Führung aus anderen Reichen. Früher waren die Bäume und Quellen Kathedralen, die Plätze, an denen sich die Menschen getroffen haben, um sich gemeinsam mit der Natur, mit der Weisheit der Sterne und des Universums, und ihren lebendigen Wesen zu verbinden, die Zeitqualitäten zu feiern, der Natur zu danken, sie zu segnen, sie um Heilung zu bitten und Wunder zu erfahren.

»Wenn du eine Blume magst,
pflückst du sie.
Wenn du eine Blume liebst,
gibst du ihr Wasser und genießt ihre Gegenwart.
Wer das versteht, versteht das Leben.«
(Buddhistische Weisheit)

Es wird Zeit, dass wir uns dieser unermesslichen Quelle wieder zuwenden, Türen, die verschlossen wurden, öffnen und uns wieder universell, intergalaktisch und natürlich mit höheren Ebenen und Dimensionen verbinden. Die Natur ist Evolution und Weiterentwicklung, unperfekt und perfekt, endlich und ewig, lösend und verbindend, Einheit und Multidimensionalität, doch immer Teil der lebendigen Quelle. Wenn wir die Natur in ihren Heiligen Geometrien und Wachstumsprinzipien untersuchen, so erkennen wir Muster, die sich wiederholen, wie die Fibonaccifolge oder den Goldenen Schnitt. Zahlenmuster und Formen, die der gesamten materiellen Wirklichkeit zugrunde liegen. In der Heiligen Geometrie können Natur und Wissenschaft sich auf materieller und spiritueller Ebene treffen und sich in der Einheit erkennen. Hier werden die dualen Kräfte zu einem Ganzen verwoben. Die Heilige Geometrie führt über all diese Grenzen hinweg in die Ewigkeit. Sie hilft uns, unsere Begrenzungen hinter uns lassend in der Ewigkeit zu erwachen und die natürlichen Kräfte, die in jedem von uns wirken, zu aktivieren, um Heilung, Frieden und neue Wege im Einklang mit der Schöpfung zu erschaffen. Dann treten wir in eine neue Phase des Seins ein.

Die Natur hat uns unbemerkt unendlich viel gegeben, Leben, Nahrung, Wasser und viel Segen gespendet. Wir können ihr nun etwas zurückgeben, indem wir sie segnen, mit ihr feiern, die Plätze, die wir betreten, heiler zurücklassen, als wir sie vorgefunden haben. Der Garten Gottes schenkt uns alles, was wir brauchen. Wir können lernen, unsere schöpferischen natürlichen Kräfte, wie Gedankenkraft, Wortgewalt, Tatkraft und Kreativität, weise und segensvoll auszurichten und anzuwenden.

Die Natur wurde uns zur Freude gemacht,
sind auch wir als Freude für die Natur gedacht?
Können wir das Paradies erkennen,
aus dem wir einst gefallen sind?
Können wir es wieder erschließen
und durch unser Sein neu erfinden?

Warum können wir uns mit allem verbinden? Wie können wir neue Erkenntnisse erlangen? Was schafft die Verbindung zwischen uns und der Natur? Die Antwort liegt in den Grundbausteinen der Schöpfung und der Heiligen Geometrie.

Wir alle sind nach einem bestimmten heiligen Muster aufgebaut, tragen verschiedene Formen und Maßstäbe in uns. Das ganze Universum ist durch den elementaren Aufbau der einen Quelle verbunden und bildet die Einheit allen Lebens. Deshalb können wir uns mit allen Ebenen und Dimensionen verbinden, und deshalb können sich alle Ebenen und Dimensionen mit uns verbinden – im lebendigen Feld der Einheit.

Beginne, das Feld als lebendiges Wesen zu sehen, das immer in Liebe und Fürsorge für dich schwingt. Verbinde dich mit der Natur, denn die Natur ist stärker als alle künstlichen Welten und disharmonischen Netzwerke. Natur ist Liebe, Natur ist in allem. Wenn wir die natürliche Ordnung erkennen, können wir uns aus dem künstlich geschaffenen Netzwerk, das uns in Angst, Mangel, Unfrieden, Trauer, Trennung usw. hält, lösen.

Liebe ist Verbindung. In alten Zeiten haben die Menschen mit ihren Gedanken und Gefühlen die Edelsteine und Kristalle in der Erde wachsen lassen, heute erschaffen wir mit unseren Gedanken und Gefühlen der Trennung und der Angst viel Müll auf allen Ebenen, da die Natur uns und unsere negativen Emotionen spiegelt.

Es ist wichtig, dass wir unser wahres Wesen verstehen, um die Verbindung wieder zu fühlen und die Energiefelder mit dem Segen der Liebe zu wandeln, zu erlösen und zu heilen. Das Christuslicht ist in jedem von uns. Kehren wir zurück in die Liebe der Natur und erwecken wir die Liebe zu unserer Natur, verbinden wir uns mit ihr und nutzen unsere natürlichen Gaben und Fähigkeiten, um Freude, Segen und Kraft für unsere Umgebung zu sein.

Übung: Zeit in der Natur

Ich kehre zurück, zurück zu dir,
denn ich komme aus dir, du bist in mir.
Zusammen im Einklang erschaffen wir
den heiligen Kreis des neuen Wir.
Erwachen in einer neuen Zeit
in Pracht, in Schönheit und Herrlichkeit.

Nimm dir einen Moment Zeit. Begib dich in die Natur, vielleicht an deinen Lieblingsplatz. Nimm die Natur um dich herum mit allen Sinnen wahr, rieche, schmecke, fühle, taste, höre, sieh, und erweitere deine Wahrnehmung, indem du dich als Teil der Natur empfindest. Das Wasser, das durch die Bäume strömt, strömt auch in dir. Das Herz symbolisiert die Blüte, die sich dem Licht öffnet. Das Licht wohnt in allen Herzen, in deinem Herzen und im Herzen aller Atome. Das Liebeslied des Universums, das in der Natur ertönt, ist auch der Klang, aus dem du geschaffen wurdest. Erkenne die Verbindung und die Einheit mit der Natur. Öffne dich in Dankbarkeit für alles, was du in dir und um dich herum wahrnimmst.

Frage dich:
Was hat die Natur mir geschenkt? Was gibt sie mir?
Was spiegelt mir die Natur?
Welche Samen habe ich gesät? Welche davon sind aufgegangen?
Was sind meine Wurzeln? Was ist mein Stamm? Was ist meine Krone? Was sind meine Blüten? Was sind meine Früchte? Was sind meine Samen, die weitergetragen werden?

Verbinde dich mit dem Segen, der immer da ist. Fühle den Segen, spüre ihn in dir, und sende ihn über dein Sein in die Natur, die dich umgibt. Spüre, wie dieser Segen alles Licht in der Natur anregt. Wie die schöpferischen Lichtkräfte, die du als Mensch in dir trägst, alles erhellen und beleben.

LICHTGEOMETRIE –
Die Bedeutung des Lichts in allem Leben

Wir sind in Form gebrachte Ewigkeit.
Ewigkeit in der Endlichkeit.

Jegliche Existenz im Universum ist von Dimensionen und feinstofflichen Lichtstrukturen umgeben und wird von ihnen durchdrungen. Diese Dimensionalitäten sind immer präsent, da sie unendlich sind, d. h. schon immer existierten, immer existieren werden und alles mit einer feinstofflichen Lichtsubstanz durchziehen. Alles Leben kommt aus dem Licht, wird zuerst im Licht geformt, bevor es sich manifestiert. Alles beginnt mit einem Gedanken.

Wie in allem Licht, so in aller Form.

Die Dimensionen wirken ständig auf unser Leben ein. Einige entziehen sich aufgrund ihrer hohen Schwingungsfrequenz unserer Wahrnehmung und sind für den menschlichen Verstand nur schwer zu erfassen, was aber nicht heißt, dass sie nicht existieren. Je mehr wir unsere Frequenz anheben, desto leichter können wir eine ganzheitliche Sicht erlangen.

Die Heilige Geometrie ist der Schlüssel zum Urbauplan, zur göttlichen Matrix. Sie ist die Sprache der göttlichen Natur. Sie durchdringt und verbindet alle Ebenen und Dimensionen des Seins, und wir können sie auf alle lebendigen Formen der Erde anwenden. Die Heilige Geometrie richtet uns auf die göttliche Matrix aus. Sie verbindet uns mit dem höchsten Licht und unseren schöpferischen Kräften. Sie erinnert uns an die Vollkommenheit, Schönheit und Harmonie. Sie ist der Wegweiser in das Paradies, das wir in den inneren Ebenen betreten können, um aus diesen lichtvollen Ebenen heraus zu sein und zu wirken. Heilige Geometrie verbindet uns über unseren Herzschlag mit dem Herzschlag in allem Leben und dem Herzschlag des Universums.

»Heilig« bedeutet, von den Sphären des Lichts durchdrungen und mit ihnen verbunden zu sein.
»Geo« ist die Erde.
»Metrie« ist das Maß. Geometrie ist die Raumlehre.

»Heilige Geometrie« bedeutet: Das Maß der Erde, das Maß der Materialisation, das Maß des Lebens ist durchdrungen und umgeben von unsichtbaren Sphären des Lichts. Materie ist verdichtete und gebündelte Lichtstruktur, die sichtbar wird und sich wieder in das Licht hinein erlöst.

Meine persönliche Erfahrung ist: Je länger ich mit der Heiligen Geometrie wirke und arbeite, desto befreiter und glücklicher fühle ich mich, eingebettet in ein Feld der unbegrenzten, harmonischen, frei fließenden Lebensenergie, die in mir schwingt und mich führt. Nichts hat mich bisher so begeistert, nichts so bewegt, nichts so in die Knie gezwungen und in die Höhe getragen wie die Heilige Geometrie. Meine Einweihungen in die heiligen Lichtfelder der Schöpfung waren mit extremer Anstrengung und mit großen Bemühungen verbunden, mit massiven, nicht erklärbaren Erleuchtungs- und Aha-Erlebnissen, wie ich sie selten bei anderen Tätigkeiten erlebt habe. Mit meditativen Erfahrungen, die weit über das Maß der materiellen Ebene hinausgehen. Mit einer Aufhebung der Dualität und einem Erwachen in der Ewigkeit. Heilige Geometrie zu begreifen, ist eines der erhabensten Dinge. Mache auch du dich auf, und erforsche das Wesen der Heiligen Geometrie.

In der praktischen Anwendung der Heiligen Geometrie werden wir in die Dimensionen der Ewigkeit erhoben, in die unsterblichen Gefilde des reinen Lichts, in den Urplan der Schöpfung. Wir bewegen uns mit der Heiligen Geometrie hinein in die universelle Sprache der Meister und Engel, auf die Ebene der Urstrukturen und des Schöpfungsbeginns, jenseits aller Religionen und menschlichen Überzeugungen – in ein universelles Feld der Ewigkeit. In Räume des reinen Lichts und des reinen Geistes, die in vollkommener Harmonie schwingen und ewig sind.

Wir können die Heilige Geometrie mathematisch berechnen, sie unter wissenschaftlichen Aspekten betrachten und untersuchen, ihre heiligen Formen betrachten, sie anwenden. Doch wir sollten nie vergessen, dass sie umfassender und universeller ist, so alldurchdringend und so grundlegend, dass einfach alles von ihr bestimmt wird.

Für das neue Bewusstsein ist die Heilige Geometrie unumgänglich, da sie uns mit dem Bauplan der Schöpfung verbindet und uns bei unserem Aufstieg hilft. Sie wurde in den alten Mysterienschulen gelehrt, und sie findet in den hermetischen Gesetzen und in ewig gültigen Lehren und Schriften ihren Ausdruck. Felder, die wieder in die göttliche Ordnung zurückgedreht werden, werden von umfassender göttlicher Strahlkraft durchströmt und können somit vollkommene Regeneration und Heilung erfahren und erzeugen.

Die ganze Natur ist gemäß der göttlichen Ordnung aufgebaut und vom Licht der Schöpfung durchdrungen und beseelt. Jede Blume, jedes Blatt, jede Zelle, selbst unser Körper besteht aus einem vollkommenen geometrischen Lichtfeld. Jede Zelle und jedes Organ ist in vollkommener göttlicher Ordnung erschaffen. Wir haben weitere Lichtfelder in und um uns herum, die seit mehr als 13.000 Jahren geschlafen haben und jetzt auf ihr Erwachen warten. Dank unserer Bewusstseinsentwicklung können wir sie gemeinsam wieder öffnen. Wenn wir uns an diese Lichtfelder erinnern und sie aktivieren, wenn wir sie wieder in der göttlichen Ordnung ausrichten, die in ihrem heiligsten Kern schwingende Liebe und Licht ist, werden wir immer mehr unser schöpferisches Potenzial erwecken. Wir kehren zurück in die Einheit und erkennen, dass wir in Form gebrachte Ewigkeit sind.

»Mache alles in dir zum Ohr,
jedes Atom deines Seins.
Und du wirst in jedem Moment hören,
was die Quelle dir zuflüstert.
Du bist, wir alle sind,
die Geliebten des Geliebten.
Und in jedem Moment,
in jedem Ereignis deines Lebens,
flüstert der Geliebte dir genau das zu,
was du wissen musst.«
(Rumi)

DIE EVOLUTIONSLINIEN DER ERDE – Wo kommen wir her, wo gehen wir hin?

Die Erde ist eng mit der Entwicklung des göttlichen Menschen verbunden. Sie spiegelt uns die Stufe, auf der wir stehen. Unser wahres Wesen kommt aus ganz anderen Dimensionen und ist hier auf Erden, um eine menschliche Erfahrung zu machen, um sich zu entwickeln und zu dem zu werden, was in ihm angelegt ist. Doch woher kommen wir? Was ist unser Ursprung, wie verlief unsere Entwicklung, und wo stehen wir jetzt? Unseren Ursprung, die Entwicklung und den Verlauf zu kennen, hilft uns, neue Schritte zu vollziehen und den Plan, der in uns angelegt ist, zu erfüllen.

Die Erde und alles Leben ist aus Sternenstaub gemacht. Wir kommen ursprünglich von den Sternen, aus dem geistigen Raum. Wir sind reines Bewusstsein, Kinder des Lichts, Söhne und Töchter des göttlichen Seins. Wir fielen aus der Einheit heraus und hinein in die Trennung, bildeten Individualität aus und kehren nun zurück in die Multidimensionalität der Einheit allen Seins, in die Blume des Lebens, die der Urbauplan unserer Schöpfung ist.

Zur Entstehung unserer Erde haben drei große Evolutionslinien beigetragen. Diese drei Evolutionslinien haben sich verbunden (aus der Trennung in die Einheit), um sich hier durch das göttliche Bewusstsein gemeinsam zu entwickeln (Multidimensionalität des Seins). Sie schwingen in uns und in der Schöpfung zusammen und sind über die Heilige Geometrie miteinander verbunden und verwoben:

- die kosmischen Wesen
- das Engelreich
- das Elementarreich

Schauen wir uns nun diese drei Evolutionslinien genauer an, die sich im Beginn über die Heilige Geometrie verbanden, um gemeinsam diese Erfahrung zu erschaffen und jetzt langsam zu vollenden – die Entwicklung ist nicht abgeschlossen, wir sind mittendrin.

Der Mensch – ein kosmisches, spirituelles Wesen

Unsere Entwicklung haben wir nicht von Anfang an auf der Erde, sondern auf anderen Ebenen und in anderen Systemen durchlaufen. In den alten Lehren wird beschrieben, dass wir einst unseren Weg als Meisterlicht begonnen haben, das von der Zentralsonne und anderen höher entwickelten Sternensystemen ausgestrahlt wurde. Dieses erwachte ewige Licht versank in der materiellen Form als Mineralien, Steine, Edelsteine, Kristalle, Pflanzen und Tiere. Die Entwicklung zum Menschen dauerte Äonen, doch unsere Heimat sind die Sterne und somit zum Teil sehr weit entfernte Galaxien.

Die Evolutionslinie der Engel

Engel sind selbstbewusste, intelligente Gefühlswesen und nicht von dieser Welt. Sie wurden und werden von kosmischen und aufgestiegenen Wesen erschaffen, um die Gaben des Lichts in einer reinen Atmosphäre aufrechtzuerhalten und alles Leben an den Segen und die ewige Liebe zu erinnern. Allein schon wenn wir diese Kräfte anerkennen, treten sie wirksam in unserem Leben in Aktion.

Die Evolutionslinie der Elementarreiche

Die Elementarreiche stellen die Grundbausteine allen Lebens hier auf der Erde zur Verfügung. Sie umfassen unzählige geistige Wesen. Vom Geist der Atome bis zum Geist der Planeten ist alles mit Energie erfüllt, die keine materielle Form besitzt, doch die inneren Baumeister der Lebensaspekte darstellt. Ein Atom beispielsweise enthält Partikel und Wellen. Das Atom-Elementarwesen trägt das vollkommene Muster des Atoms in sich, ohne diesen lebendigen Liebesgeist gäbe es keinen Zusammenhalt und keinen Lebensstrom.

Vor langer Zeit gab es eine Absprache zwischen den kosmischen Wesen, den Elementarwelten und den Engel- und Meisterwelten. Man wollte diese Erfahrung auf der Erde gemeinsam erschaffen. Unser Wesen ist kosmischer Natur, während unser Körper von den Elementarwesen zur Verfügung gestellt wurde, also ein Naturwesen ist, mit dem wir diese Erfahrungen des Menschseins überhaupt machen können. Da unser Körper als lebendiges Elementarwesen in Heiliger Geometrie aufgebaut ist, sind wir über diese Heilige Geometrie auch mit allen Elementen, Formen und Wesen der Erde verbunden. Das, was alle Welten und Wesen vereint und neue Wege erschafft, ist die große Liebe, aus der heraus alles erschaffen wurde.

Obwohl die Elementarwesen und Engelwelten in einer zu unserer Welt parallel verlaufenden Evolutionslinie entstanden sind, sind ihre Dimensionen und Ebenen vollkommen mit unseren Ebenen verwoben – sie durchdringen sich gegenseitig. Indem wir in der Liebe erwachen, erkennen wir, dass wir Anteile aller Evolutionslinien in uns tragen, in uns erlösen können und damit alle Ebenen auf neue, noch nicht dagewesene Stufen der Evolution erheben können.

Gott (Vater, Mutter und Kind in einem) erschuf Ströme aus kristallinem allumspannenden Licht, die sich in der lebendigen Heiligen Geometrie zu formieren begannen und perfekte lebendige Schwingungsfelder aufbauten. In diesen konnten sich alle Evolutionslinien aus der Einheit in Absprache in die Form manifestieren. So wirken hier auf Erden aus dem Kosmos die Sternensaat, die Linien der Engel, die Natur- und Elementarwesen. In uns Menschen laufen alle Linien in reinem Bewusstsein zusammen wieder in die Quelle zurück.

Da wir in uns die Weite und Unbegrenztheit des Alls tragen und in unserem wahren Lichterbe mit sehr hohen Fähigkeiten ausgestattet sind, aber in einem begrenzten Körper leben, tun wir uns oft schwer, im Leben zu sein. Wir wehren uns gegen die Welt der Form, die ebenso Bewusstsein ist. Wir sind lieber im Geist, statt hier. Wir kommen gar nicht in unserem Körper, im Tempel unserer Seele, an, um ihn mit dem Licht der Liebe, das wir in uns tragen, zu durchschwingen. Ein Teil von uns kennt keine Grenzen, sondern nur Freiheit und Allverbundenheit. Und ein Teil von uns erlebt die Begrenztheit in einem verdichteten Körper, der durch das Elementarreich aufgebaut ist. Dies führt oft zu Spannungsverhältnissen, Widerständen und Opfererfahrungen. Ein Teil von uns sehnt sich nach seiner geistigen Heimat und hegt einen Widerstand gegen die Begrenzung in der Form.

Indem wir alle Linien in uns erkennen und miteinander abstimmen und zudem verinnerlichen, dass sie in der Heilige Geometrie perfekt ineinander wirken, können wir alle Ströme, die in unserem Sein zusammenfließen, von unserem höchsten, freien, ewigen unbegrenzten Wesen bis in die Form verbinden und aus dem höchsten Licht bis in die tiefste Form erleuchten. Das heißt, den Aufstieg in der Gesamtheit in das Licht zu vollziehen, wie es schon einige Meister und Meisterinnen vor uns taten (Jesus Christus, Mutter Maria, Apollonis von Tyana, Saint Germain, Quan Yin, Babaji usw.).

Unser Sein ist nicht umsonst in drei Teile aufgeteilt, die jeweils andere Aufgaben beinhalten und bewusst oder unbewusst miteinander wirken (Unterbewusstsein, Bewusstsein und höheres Bewusstsein). Wir haben diese drei Ebenen lange Zeit in einer Hierarchie angeordnet: Hohes Bewusstsein, Mittleres Bewusstsein, Unteres Bewusstsein. Tatsächlich geht es aber um die vollkommene Balance zwischen dem höheren Bewusstsein, unserem kosmischen Wesen, dem Unterbewusstsein, in dem die Elementarwelten wirken und das unsere Wirklichkeit formt, und dem Mittleren

Bewusstsein, in dem alle drei in Licht und Form durch Gedanken, Gefühle, Worte und Taten zusammenfließen.

Alle Bewusstseinszustände wirken in der Weisheit der Heiligen Geometrie zusammen, wenn wir sie in uns abstimmen. Der Mittlere Weg ist der Weg nach Hause und der Weg, auf dem neue Visionen Wirklichkeit werden und der Wandel geschieht, nicht nur für Einzelne, sondern global und interstellar. Darüber können wir den Himmel auf Erden wieder erwecken.

Nicht umsonst werden auf dem spirituellen Weg – wir sind in erster Linie spirituelle Wesen – Gebete und Chants dreimal gesungen und wiederholt. Dies dient dazu, die Lebensströme in uns abzugleichen, damit wir schöpferisch tätig sein und das Licht des Geistes auf der Erde in der Form verwirklichen können.

Du als geistiges Wesen in einer menschlichen Form hast Zugang zu allen Ebenen und Dimensionen des Seins. Nimm dir Zeit, darüber zu meditieren. Mit der folgenden kleinen Übung kannst du dich verbinden und Segen schenken.

Übung: Segen

Nimm dir jetzt Zeit. Begib dich in die Natur. Spüre deinen lebendigen Herzschlag und den Herzschlag in einem Baum, in einer Blume, in einem Naturwesen. Über das Herz sind wir mit allem verbunden.

Mache dir bewusst, was alle Meister und Meisterinnen des Lichts tun. Sie segnen! Segen zu geben, Licht aus den höchsten Ebenen in alle anderen Ebenen zu leiten, ist uns als Mittler zwischen Himmel und Erde zu eigen. Wenn wir beginnen, zu segnen, wenden wir die uns innewohnenden schöpferischen Kräfte auf beste Weise an.

Du kannst dir zuerst die Schwingung des Segens bewusst machen.

Schließe deine Augen. Konzentriere dich auf den Segen. Welche Bilder entstehen in dir, wenn du an den Segen denkst? Welche Farbe hat der Segen? In welcher Form zeigt sich dir der Segen, als kleine goldene Pünktchen, goldene Spiralen, fließendes goldenes Lichtwasser?

Nimm die Lichtgeometrie des Segens wahr, die durch den Segen erzeugt wird. Wie fühlt sich der Segen an (warm, sich ausdehnend, weit, friedvoll, …)?

So kannst du dich darin üben, die feinen Lichtformen, die Gedanken, Gefühle und Worte zu erzeugen, wahrzunehmen, und sie in hoch schwingende, harmonische Lichtmuster wandeln.

Nun komme über deinen Atem zu dir selbst. Atme zum Kronenzentrum ein und zum Bauchnabel aus. Spüre, wie du dich in das Licht hinein aufrichtest und in dir selbst ausrichtest, sodass du immer mehr zu einem Kanal für das Licht wirst. Wenn du magst, kannst du dir dabei einen segnenden Meister, eine Meisterin des Lichts vorstellen. Gehe immer tiefer in den Raum deines Herzens. Erfülle zuerst dich selbst mit brillantem und diamantenem Licht. Wenn du davon erfüllt bist, so lasse den Segen aus deinem Herzen in alles Leben, das dich umgibt, hineinströmen. Spüre, wie der Segen jedes Blatt aufleuchten lässt, die ganze Natur erhellt und alle Formen im Innersten berührt.

DIE GRUNDBAUSTEINE DER NATUR UND DER SCHÖPFUNG

In diesem Kapitel möchte ich kurz auf die wichtigsten Grundbausteine der Heiligen Geometrie in der Natur eingehen. Viele der hier beschriebenen Formen habe ich bereits in anderen Büchern ausführlich behandelt. Nutze gern die jeweiligen Buchempfehlungen, wenn du intensiver mit dem jeweiligen Muster arbeiten möchtest.

DAS ATOM – der Grundbaustein aller Materie

Allen Formen liegt dieselbe universelle Substanz zugrunde.

Unsere gesamte materielle Wirklichkeit, d.h. alle festen, flüssigen und gasförmigen Stoffe, das ganze Universum setzen sich aus Atomen zusammen. Ein Atom besteht, stark vereinfacht ausgedrückt, aus einem sehr kleinen Kern und viel leerem Raum und ist immer in Schwingung. Einfach alles in unserem Universum schwingt. Atome sind die Bausteine, aus denen alle Materie besteht. Die Eigenschaften der Atome und deren Anordnung bestimmen die verschiedenen Substanzen auf der Erde. Atome bestehen aus einem Atomkern und einer Atomhülle. Der Atomkern setzt sich aus positiv geladenen Protonen und elektrisch neutralen Neutronen zusammen. Die Hülle des Atoms besteht aus negativ geladenen Elektronen. Ihr geometrisches Muster und die Schnelligkeit ihrer Schwingung rund um einen zentralen Kern bestimmen den besonderen Typ des Atoms. Die Elektronen bilden den Lichtkörper. Alles ist aus diesem einen Licht erschaffen, das von drei lebendigen Strömen durchdrungen ist. Erst durch diese drei Ströme kann Schöpfung entstehen. Wir können diese drei Ströme als Gott (Vater, Mutter und Kind) bezeichnen oder als Elektron, Proton und Neutron. In jedem Fall sind es drei Ströme, die zusammenkommen, damit Schöpfung entsteht. Es gibt nichts im ganzen Universum, was nicht aus diesen drei Strömen entstanden ist. »Vatergott« allein hätte ohne Mutter und Kind nichts erschaffen können und wäre nicht in der Lage, sich selbst zu erfahren.

Mutter (Proton) und Kind (Neutron) befinden sich im Innersten des Atoms, der Vateraspekt (Elektron) schwingt um den Kern. In der christlichen Kultur finden wir die Dreifaltigkeit in Form von Vater, Sohn und Heiligem Geist, wobei der Heilige Geist für das weibliche Prinzip steht. Die Urform des göttlichen Atoms ist Gott (Vater, Mutter und Kind in einem). Die zwei großen Ströme des Lebens sind das Männliche und das Weibliche, im Kindlichen kommen diese beiden Ströme zusammen und neutralisieren sich.

Übung: Balance der drei Lebensströme

Bringe deine rechte Hand (männlich) und deine linke Hand (weiblich) in Liebe vor deinem Herzen zusammen (Gebetshaltung). Die Daumen zeigen nach innen auf das göttliche Atom, deine wahre Essenz im Zentrum deines Herzens. Bewege dich in dein wahres ewiges Lichtzentrum hinein. Sprich: »Gott (Vater, Mutter und Kind in einem) – Licht des Kosmos – Licht der Erde. Bündele das Licht in uns, und mache es nützlich. Erschaffe dein Reich der Einheit jetzt. Dein eines Sein wirkt in unserem, wie in allem Licht, so in allen Formen. Löse die Stränge, die uns binden, so, wie wir loslassen, was uns bindet. Lasse oberflächliche Dinge uns nicht in die Irre führen. Befreie uns von dem, was uns zurückhält. Aus dem göttlichen Licht im Herzen kommt der wirksame Wille und die lebendige Kraft, zu handeln, das Lied, das alles verschönert und sich von Zeitalter zu Zeitalter erneuert. Amen in Liebe.«

Übung: Die Atome in allen Formen spüren

Alles schwingt, nichts ist in Ruhe. Alles ist in permanenter Bewegung. In jeder Zelle schwingen Elektronen um den Atomkern. Während du diese Zeilen liest, rast unsere Erde mit einer unvorstellbaren Geschwindigkeit durch das Universum. Die Erde dreht sich um die Sonne, unser Sonnensystem um die Milchstraße. In 80 Jahren legen wir 1,4 Billionen Kilometer zurück. Du wirst dich nie wieder an dem Ort im Universum aufhalten können, an dem du angefangen hast, diesen Satz zu lesen. Lasse diese Zeilen einmal auf dich wirken.

Begib dich anschließend in die Natur. Bewege dich auf deine Weise in die Stille deines Herzens hinein. Atme tief und bewusst, und werde ruhig. Konzentriere dich auf die Atome in allen Formen. Nimm die Schwingung in allen Formen wahr. Mache dir bewusst, dass alles schwingt und nichts in Ruhe ist. Du kannst die Schwingung der Atome im Körper durch Summen oder Brummen erhöhen.

Denke immer daran, jedes Wesen ist universelle Lichtsubstanz in Hülle und Fülle, und sprich:

»Ich bin universelle Lichtsubstanz in Hülle und Fülle und erschaffe mit jeder Schwingung meine Wirklichkeit. Je stärker ich mich der Vollkommenheit, Herrlichkeit und Schönheit des universellen Lichts anschließe, desto mehr reine Ströme können mich durchfließen und durchströmen.«

Impuls: Atom, A-Ton, Atem (Ton/Atem der Liebe)

Der Atem des Lebens durchströmt die Natur, alle lebenden Wesen, ja, die ganze Natur, schwingen in deinem Licht der Liebe, sie trinken sich satt in deinem Angesicht. Dein Licht säugt jedes Atom in allem Leben, lässt es schwingen und tanzen in unbändiger Freude.

Der A-Ton ist die Sonne und das wahre eine Urlicht, das alle Lebensströme unablässig durchwirkt. Das Urlicht erschafft durch strahlendes Licht und Wärme Bewegung und Zeit, indem es auf diese Weise ständig die gesamte sichtbare und unsichtbare Wirklichkeit hervorbringt. Licht und Atem beleben das Atom. Das Licht der Urquelle ist das Licht aller Menschen und aller Formen. Durch dieses Licht erschafft sich die Welt immer und immer wieder. A-Ton ist reine Gegenwart und schöpft sich selbst immer wieder mit dem eigenen Atem. Elemente, Pflanzen, Tiere, alles Leben wird vom A-Ton geschaffen und jeden Tag erneuert.

Übung: Elektronische Lichtsubstanz

Durch jede unserer Zellen fließen beständig Ströme von Elektronenenergie, ob wir wachen oder schlafen. Energie strömt ein und verlässt unser Sein im Muster unseres Lebensstroms. Stelle dir vor, du bist in einen Mantel reiner göttlicher Liebe gekleidet. Stimme dich auf das brillante, diamantene Licht ein. Sieh es als lichtvollen Wasserfall, der in dich hinein und durch dein Sein strömt und alle Lebensströme, mit denen du verbunden bist, erhellt, erleuchtet und erstrahlen lässt. Reines strahlendes Licht im Zentrum deines Seins fließt beständig mit dem Einatmen ein und mit dem Ausatmen in alles Sein außerhalb von dir. Mache die Übung ein paar Mal, und du wirst die Verbundenheit allen Lebens fühlen.

DAS TORUSFELD –
Herzfeld in allem Leben

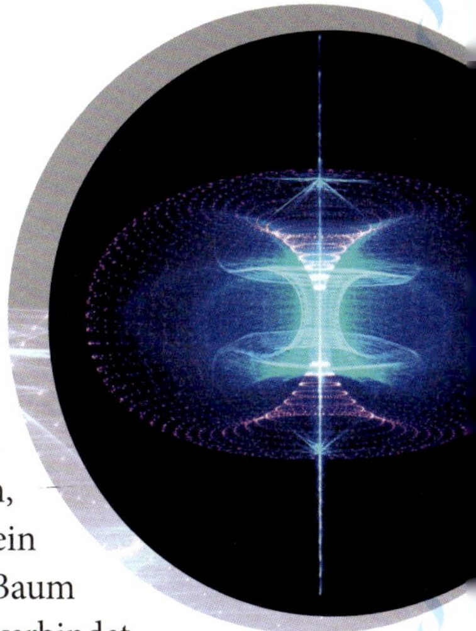

In jedem schlagenden Herzen befindet sich ein göttliches Atom. Es enthält den lichten Urbauplan des Wesens, der sich von allein im Rhythmus der Gezeiten und nach dem Plan, nach dem es angetreten ist, entfaltet. So wird ein Blumensame eine Blüte, ein Baumsame ein Baum usw. Der Same baut das Herzfeld auf und verbindet Oben und Unten, Innen und Außen, Himmel und Erde. Er liegt stets in der Mitte. Nimm dir Zeit, das Herzfeld wahrzunehmen. In einem Baum. In einer Blume. Die pulsierenden Herzen in einem Ozean oder das Herzfeld der Erde. Alles Leben besitzt ein Herzfeld. Über dieses Herzfeld ist alles in der Einheit mit allem verbunden und kann mit allem in Verbindung treten. Wir können die Herzfelder in uns wie in allem Leben erkennen und aktivieren. Dadurch werden Himmel und Erde miteinander verbunden. Licht strömt ein, verbrauchte Energie kann sich im Licht erlösen, und die Heil- und Regenerationskräfte werden angeregt.

Übung: Die drei Ströme in dir

Nimm deinen Thron wieder an – »Three in one«, »drei in einem« –, das Bewusstsein des Lichts der drei Ströme, im Geist, im Herzzentrum und im Sein, auf der körperlichen Ebene des Menschseins.

Nimm die drei Ströme in dir wahr.

Lege deine Hände zuerst auf die linke Seite deines Herzens. Spüre in die linke Seite hinein. Hier strömt das Blut nach unten in den Körper, in die Seele, in das Sein. Es ist warm, stabil, verbunden …

Lege nun deine Hände auf die rechte Seite deines Herzens. Nimm die rechte Seite wahr. Spüre in die rechte Seite hinein. Hier strömt das Blut nach oben. Es ist leicht, kühl, hell, nach oben ziehend …

Spüre nun genau in das Zentrum deines Herzens. Hier vereinen sich die Ströme und neutralisieren sich.

Stelle dir diese drei Ströme als drei Flammen vor. Stelle sie dir gleich groß vor, sodass sie sich in dir vollständig ausbalancieren und harmonisieren. Stelle dir nun vor, wie sie sich vereinen und zu einer einzigen perlmuttfarben strahlenden Flamme im Herzen werden, die alle Atome deines Seins durchströmt und auflädt.

Wir alle tragen diese drei kosmischen Ströme in uns. Mit ihnen können wir Energie aufbauen, Energie in den Fluss bringen und heilende Ströme erzeugen. Dies kannst du direkt erfahren.

Reibe deine Hände aneinander. Dann halte sie in einem Abstand von ca. 20 cm auseinander. Atme in die eine Hand ein und in die andere Hand aus. Fühle, wie sich die Energie verdichtet und zwischen deinen Händen immer stärker wird. Wenn du dich über einen längeren Zeitraum auf die Energie fokussierst, bist du in der Lage, Licht zwischen deinen Händen zu erzeugen. Dies geht nur, weil jeder von uns die drei großen Ströme des Universums in sich trägt und diese das gesamte lebendige Universum durchziehen.

Übung: Den Herzschlag in allem spüren

Nimm dir Zeit in der Natur. Wenn du an einem Baum bist, so spüre den Herzschlag des Baumes.

Spüre den Herzschlag des gesamten Waldes. Nimm den Herzschlag in einer Pflanze wahr, in ihrem feinstofflichen lebendigen Wesen. Nimm die Herzen wahr, die in einem See oder in einem Meer pulsieren. Je mehr du dich auf den Herzschlag in allem Leben konzentrierst, desto mehr eröffnen sich dir die lebendige und feinstoffliche Welt der Natur und ihre wahrhaft zauberhaften Wesen, die mit einer immensen Heilkraft ausgestattet sind.

Sie kannst du auch fragen, wie der Herzplatz an einem Ort wieder vollständig aktiviert werden kann. Beziehe die lebendige Welt der Natur in alles mit ein. Wirkt zusammen in der Einheit.

DIE BLUME DES LEBENS – der Urbauplan der Schöpfung

Der Herzschlag in allem Leben

Die Blume des Lebens ist das lebendige Schöpfungsmuster, das Gewebe, die Matrix allen Seins. Durch sie ist alles mit allem verbunden. Alles kann in Harmonie mit allem wirken. Alles hat seinen Platz, und alles hat seine Aufgabe. Die Blume des Lebens ist der Grundbauplan, dem alle Formen in der Natur und in allen Ebenen zugrunde liegen. Wird ihr Grundmuster in die Unendlichkeit hinein ausgedehnt, dann erhalten wir das Quantenfeld. Sie kann aber auch wieder in ihr Grundmuster zurückgezogen werden, denn sie ist der göttliche Bauplan.

Die Blume des Lebens ist das Sinnbild der Neuen Zeit, denn sie führt uns in das lebendige Erwachen eines multidimensionalen Levels der Einheit.

Es gibt eine rechtsdrehende und eine linksdrehende Blume des Lebens. In ihrer Überschneidung bringen sie lebendige Lebensströme hervor und verleihen der Energie ihre erste Form. In Abydos in Ägypten finden wir diese zwei Blumen des Lebens, die für das männliche und das weibliche Prinzip stehen. Eine, die mit der Spitze nach oben im inneren Kreis aufgemalt ist, und eine, die mit der Kante oben im inneren Kreis gezeichnet ist. Sie symbolisieren die Dreiheit in der Dualität. Wenn wir die »männliche« und die »weibliche« Blume des Lebens in Form von zwei Kugeln ineinanderschieben, so vereinen sie in der Überschneidung Gegensätze (Hell und Dunkel, Sichtbar und Unsichtbar, Ruhe und Bewegung, Leere und Fülle, Elektrisch und Magnetisch, Männlich und Weiblich) und erschaffen Schwingungsräume, durch die sich das göttliche Licht in Geist und Form manifestieren (kristallisieren) kann.

Übung: Blume des Lebens

Stelle dir die zwei Blumen des Lebens vor, wie sie nebeneinander stehen. Sie drehen gegenläufig, dennoch liegt ihnen derselbe Bauplan zugrunde, so, wie es immer der Fall ist, wenn wir das Männliche und das Weibliche betrachten. Schiebe die zwei Blumen des Lebens in deiner Vorstellung vollständig ineinander. Beobachte ihre Drehbewegung und das, was geschieht. Spüre auch dich in deinem Körper, und spüre, was in deinem Körper geschieht. Ströme verbinden sich. Energie ist in Bewegung und verändert sich fortlaufend. Alle Atome vibrieren in einer höheren Schwingung. Die Harmonie verstärkt sich. Verbindung geschieht.

Wenn du die Bewegungen der zwei Blumen des Lebens für dich erfahren hast, so entdecke sie in der Natur und in allem Leben. Damit findest du in den lebendigen Puls des Lebens und in den

Rhythmus, der alles Leben durchströmt und gleichzeitig die Lebensströme beständig entlädt und auflädt. Wo immer wir sind, befinden wir uns in einem Ozean aus Energie, der rhythmisch pulsiert und von Lebenskraft durchdrungen ist, ewig fließend, sich ewig verändernd.

Nimm immer mehr die fließende und strömende Energie in allem atmenden Leben wahr. Jede Zelle erneuert sich beständig in dem ewig fließenden Strom der zwei Blumen des Lebens, die gegenläufig ineinander drehen und doch identisch sind. Wir sind in Form gebrachte, einzigartige, individuell geschaffene Lebensströme, Frequenzen und Vibrationen, durchdrungen von der einen Energie.

»Ich danke für all die Geschenke, die in mein Leben fließen, für diesen Tag, diesen Ort, mein äußeres und mein inneres Wesen. Ich danke für das Teilen und die Harmonie mit allen Wesen, die in meinen Lebensstrom geführt werden.«

Beschäftige dich mit der Blume des Lebens. Nach und nach wirst du ihre Geheimnisse ergründen. Einfach, schlicht und doch ein großes Wunder.*

---

* Buchempfehlung: Jeanne Ruland: »Die Entfaltung der Blume des Lebens. Praktische Anwendung und neue Zugänge« (Schirner Verlag, 2010).

DIE PLATONISCHEN KÖRPER – die Grundformen der Elemente

Die Grundformen der Elemente sind die platonischen Körper – Hexaeder, Tetraeder, Ikosaeder, Oktaeder und Dodekaeder. Sie sind, verbunden in der Einheit der Blume des Lebens sowie Metatrons Würfel, immer wieder bereit, sich aus der Quelle heraus zu erneuern, sich zu regenerieren und uns an den göttlichen Plan und unseren ursprünglichen Bauplan zu erinnern. Die fünf platonischen Körper repräsentieren die Elemente Feuer, Erde, Wasser, Luft und Äther und erschaffen in ihrer Verbindung die materiellen Formen. Ihnen und der Blume des Lebens liegt die gesamte materielle Wirklichkeit zugrunde. Indem wir die platonischen Körper in Aktion rufen, beginnt das gesamte göttliche Feld, sich in Bewegung zu setzen, und der göttliche Bauplan dreht sich in seine Ursprünglichkeit zurück. Es entsteht Heilung für uns und die Natur, weil alles über die Heilige Geometrie miteinander verbunden ist.*

---

* Buchempfehlung: Jeanne Ruland & Gudrun Ferenz: »Die Heilige Geometrie der platonischen Körper« (Schirner Verlag, 2010).

METATRONS WÜRFEL – der Grundbauplan der Elemente in der Schöpfung

Die Blume des Lebens ist der Grundbauplan und die Elemente sind die Grundbausteine der Schöpfung. Nach dem Periodensystem der Elemente gibt es 94 Elemente, die in der Natur vorkommen. Unter diesen 94 Elementen sind 84, die seit der Entstehung der Erde in allem Leben existieren. Diese 84 natürlichen Grundelemente der lebendigen Schöpfung finden sich in Metatrons Würfel und balancieren die Grundkräfte, die die gesamte Schöpfung durchziehen, aus. Ich werde Metatrons Würfel als Blaupause der Schöpfung in einigen Kapiteln dieses Buches erwähnen. Nimm dir Zeit, Metatrons Würfel zu studieren und selbst zu erfahren.

Impuls: Salz des Lebens

»Salzige Tränen reinigen die Seele.«

Salz ist ein natürliches Reinigungsmittel in allen Lebenslagen. Es enthält in der natürlichen Form alle 84 natürlichen Elemente, ist entsprechend der Form von Metatrons Würfel aufgebaut und kann daher zum Aufladen, Reinigen und Regenerieren verwendet werden. Es hat enorme Heilwirkungen auf allen Ebenen und in allen Dimensionen unseres Seins und stellt die Balance von den feinstofflichen bis in die grobstofflichen Ebenen wieder her. Alles Leben entspringt aus dem Meer. Nicht zufällig enthalten unsere Körperflüssigkeiten dieselben Salze wie Meerwasser. Fruchtwasser besteht aus Elektrolyten, Salzen, Proteinen, Zucker und Nährstoffen. Salz ist elementar.

TIPP

Wann immer du dich oder lebendige Felder in der Natur ausbalancieren möchtest, verwende natürliche Salze wie Himalayasalz, Meersalz oder Steinsalz. Meide hingegen künstliche Salze, da sie das Gegenteil bewirken.

Anwendung für dich selbst: Du kannst dir natürliches Salz auf die Zunge legen, es als Badezusatz verwenden oder Wasser mit Zitrone und etwas natürlichem Salz trinken.

Anwendung in der Natur: Salz wird in vielen Zeremonien verwendet, um Plätze zu reinigen oder ein Lichtfeld aufzubauen. In der Natur (oder in Häusern) wird es in alle vier Himmelsrichtungen (Ecken) im Uhrzeigersinn gestreut. Meistens mit einem Gebet oder einem Anliegen. Sind Orte und Plätze energetisch stark verschmutzt, lässt man in jeder Himmelsrichtung (Ecke) eine Schale mit Salz bis zu drei Tage lang stehen. Hellsichtige Menschen können die Lichtsäulen und kleine Wirbelfelder und damit die heilende und reinigende Wirkung des Salzes beobachten, das alle Elemente an einem Ort reinigt, verbrauchte Energien aufnimmt und die Felder balanciert.

DIE TORE VON AN –
Königreiche dieser Erde

Königreiche, Königinnenreiche
des Himmels und der Erde,
der Verbundenheit in Liebe und Einheit,
öffnet die Torwege in ein neues Werden.
Blume des Lebens, entfalte dich,
erwache tief in unserem Sein,
auf dass wir erfüllen, was uns einst verband,
erlösen, was geknechtet und gebunden,
auf weiteren freien Erdenrunden.
Auf dass wir erneut wirken Hand in Hand,
auf dass wir den Plan vollenden in ein neues Werden
und den Himmel verwirklichen hier auf Erden.

EL AN RA*
EL – der Weisheitsgeist – das göttliche Kind – neutral
AN – der Liebesgeist – die göttliche Mutter – Proton
RA – der Lichtgeist – der göttliche Vater – Elektron

Das Universum und unsere Erde bestehen aus vielen König- und Königinnenreichen, die einst in Liebe miteinander verbunden waren und im Einklang miteinander Hand in Hand wirkten. Denken wir an die großen Königreiche unserer Erde: das Bienenkönigreich, das Ameisenkönigreich, die Elben- und Elfenkönigreiche, die Königreiche der Meere usw. Sie waren einst verbunden über die Heilige Geometrie und über die Löwentore, die jeweils aus einem weiblichen und einem männlichen Löwen bestanden und die beiden großen Ströme der Schöpfung verbanden. Der Weg durch

* EL, AN und RA sind Abkürzungen für die drei Ströme des Universums.

die Tore war der Weg der Mitte, der Weg der Einheit der zwei großen gegenläufigen Ströme in der Liebe. Den Weg der Verbundenheit kann man sich wie große DNA-Stränge vorstellen, nicht linear, sondern spiralförmig. Die Linien zwischen den Reichen bezeichnete man als Drachenlinien oder Ley-Linien. Sie sind die Torwege der inneren Erde, der äußeren Erde und des Universums. Viele alte Tempelstätten weltweit erinnern uns an die Einheit, die Königs- und Königinnenwege auf der Erde.

Vielleicht lächelst du jetzt, weil ich den Begriff »Ameisenkönigreich« verwendet habe. Doch ihr Königreich ist größer, als manche Menschen annehmen. Es gibt unzählige Ameisenarten. Ameisen gehören zu den ältesten Insekten der Welt und sind Hüter, Umwandler und die Polizei der Erde. Würde man alle Ameisen auf der Erde zusammennehmen, käme man auf ein Gewicht von ca. 4 Milliarden Tonnen. Die Ameisen dieser Erde wiegen demnach so viel wie alle Menschen der Erde zusammen. Wir haben es bei der Ameise nicht, auch wenn es so erscheinen mag, mit einem kleinen Lebewesen zu tun, sondern mit einem gigantischen Feuerwesen, das die gesamte Erde durchzieht und auf allen Kontinenten der Welt zu Hause ist.

Wir wissen noch sehr wenig über all die König- und Königinnenreiche dieser Erde und ihr Zusammenspiel in der göttlichen Ordnung, weil wir uns bisher zu sehr mit der äußerlich messbaren, materiellen Wirklichkeit aufgehalten haben, die nur ein kleiner Bereich der Gesamtheit ist, und jetzt erst beginnen, uns wieder auf das Innere, auf den geistigen Raum zu besinnen.

Lange Zeit sprachen wir von Vater Sonne und Mutter Erde. Doch die Wahrheit ist, dass alles in allem enthalten ist. Wollen wir in die Einheit zurückkehren, so müssen wir verstehen, dass unsere Erde weibliche, männliche und kindliche Anteile hat. Dass die Zentralsonne nicht nur männlich ist, sondern weibliche und kindliche

Anteile in gleichem Maß enthält. So, wie ein Mann männliche, weibliche und kindliche Anteile verkörpert und nur äußerlich die männliche Form gewählt hat und eine Frau auch männliche, weibliche und kindliche Anteile in sich trägt und im Äußeren die weibliche Form gewählt hat.

Hier braucht es eine neue Sichtweise auf die Schöpfung. Solange wir die Erde als Mutter sehen und den männlichen und kindlichen Aspekt verleugnen, schaffen wir einen Ausschluss. Jeder, der mit der Mutter, dem Weiblichen, nicht kann, wird sich zurückziehen und die Erde ausbeuten. Ist er aber in all seinen Aspekten Teil der Erde, wird er darauf achten, auch sich selbst nicht zu zerstören. Jeder, der Gott als Vater bezeichnet, schließt die weiblichen und göttlich-kindlichen Ströme der Sonne im Zentrum des Herzens aus. Er kann sich nur teilweise mit dem schöpferischen Licht identifizieren, das er ist. Erkennen wir alle drei Ströme in der Sonne, auf der Erde und in allem Leben an, so können wir wieder vollständig in die Einheit und in unser wahres Schöpferbewusstsein eintreten und alle Ebenen erlösen und neu gestalten.

Übung: Die drei Ströme des Lebens

Konzentriere dich auf die Erde. Spüre die weiblichen, die männlichen und die göttlich-kindlichen Ebenen der Erde.

Konzentriere dich auf die Sonne. Spüre die männlichen, die weiblichen und die göttlich-kindlichen Ebenen der Sonne.

Verbinde die Ebenen, nimm die Einheit der Lebensströme und ihre Bewegungen wahr. Spüre die drei Ströme in allem Leben, Gott (Vater, Mutter und Kind in einem).

DAS ELEMENTARREICH

Die inneren Baumeister aller Lebensaspekte,
vom Größten bis ins Kleinste, sind die Elementargeister.
Wir haben den Elementarreichen alles zu verdanken.
Sie freuen und jubeln mit uns, sie leiden unter uns,
sie kehren durch uns in ihre reinsten Formen zurück.
Die Elemente sind die Grundlagen des Lebens.
Ohne Elemente und Elementarwesen gäbe es kein Leben.

Die Elemente sind in perfekter Geometrie in unterschiedlichen Größenordnungen aufgebaut, sodass man sie und ihr Zusammenspiel in jedem Stein, in jedem Pflanzenwesen, in jedem Tier, in jedem Menschen erkennen kann. Da die natürliche Ordnung und der natürliche Bauplan so perfekt aufeinander abgestimmt sind, beweglich und kompatibel, kann die Naturmedizin unser

Feld stärker heilen als jede künstlich hergestellte Medizin. Naturmedizin hinterlässt keine Schäden, da die geometrischen Felder übereinstimmen und sich ergänzen. Die Geometrien der Natur entsprechen unserer Natur, sie passen ineinander, ergänzen sich, reinigen, laden auf und erfüllen ihre Aufgaben. Dem Menschen wurde alles mit der Natur gegeben, damit er versorgt ist, in Hülle, Fülle und Freude auf der Erde leben, Erfahrungen machen kann und immer wieder in der Lage ist, zu regenerieren und zu heilen.

DIE GRUNDBAUSTEINE DES LEBENS

Wasserstoff, Helium, Kohlenstoff, Sauerstoff/Stickstoff (Wasser, Feuer, Erde und Luft) sind die Grundbausteine des lebendigen Lichts und wirken zusammen als lebendige Wesen.

Wir sind aus Sternenstaub gemacht. Wir bestehen aus planetarer, galaktischer, solarer und interstellarer Substanz. Alle Elemente kommen aus dem All und haben zur Entstehung des Lebens und zur Entwicklung der Menschheit beigetragen. Das Universum ist in uns. Unser Ursprung ist das All.

Kurz nach dem Urknall gab es nur leichte Elemente wie Wasserstoff und Helium (sowie geringe Mengen Lithium und Beryllium). Sie sind die Urbausteine des Lebens. Schwerere Atome – und damit verdichtetes Leben – entstanden erst im Laufe von Jahrmilliarden durch die Fusion der Sterne und gewaltige Explosionen im All. Wasserstoff und Helium fusionierten erst Millionen Jahre später zu schweren Elementen wie Eisen.

Kohlenstoff ist der Grundbaustein aller materiellen Formen und Sauerstoff der Atem des Lebens, der alles atmet und in der Einheit allen Seins verbindet. Stellen wir uns diese Kräfte als Wesen vor, so müssen es Götter und Göttinnen gewesen sein, die diese

Erfahrung erschaffen haben. Auf diese Weise ist alles miteinander verbunden und voneinander durchdrungen, vom Kleinsten bis ins Größte, von den sichtbaren Formen bis in die unsichtbaren Ebenen, im Himmel wie auf Erden.

Es gibt 84 Grundbausteine in allem Leben (plus weitere, später hinzugekommene Bausteine). Mit der Evolution entstehen immer weitere Bausteine in neuen Dimensionen und Ebenen. Ich möchte im Folgenden besonders auf die vier Elemente eingehen:

WASSERSTOFF
Element Wasser – Allverbindung

Alles fließt, und alles ist fließend miteinander verbunden. Wasserstoff ist die fließende »Trägersubstanz des Lebens«.

Nach unserem jetzigen Wissensstand ist Wasserstoff das erste Element in unserer physischen Welt. In der großen Stille und Leere entwickelte sich zuerst Wasserstoff aus der Einheit in die Polarität. Wasserstoff (H) ist im Periodensystem der Elemente die Ordnungszahl 1 zugeordnet. Zahlenmystisch ist sie die Magierin, die Kraft, aus der alles besteht und die alles durchdringt, die alles fließend in gegenläufigen Strömen verbindet. Wasserstoff hat eine geringe Atommasse und enthält kein Neutron, sondern nur ein Proton und ein Elektron. Symbolisch steht es für das Männliche und Weibliche, die Urkräfte des Universums, aus denen alles besteht. Wasserstoff reagiert besonders stark in Verbindung mit anderen Elementen. Wasser bringt die polaren Lebenskräfte in den Fluss und führt in die Allverbundenheit. Da Wasser eine Trägersubstanz ist, kann es jede Information annehmen und verbreiten. Wasser kann auf- und absteigen, in die eine und gleichzeitig in die andere Richtung fließen. Alles trägt gegenläufige Ströme in sich. Wasserstoff ist das feinstoffliche, kristallisierende Licht in allem Leben, dunkel-universell und hell-kristallin zugleich. Es ist in allem.

Die platonische Form des Wassers ist der Ikosaeder. Er hat die Eigenschaft, sich fließend zu verbinden, zu entgiften, zu reinigen, zu erhöhen und an die Urform des Wassers zu erinnern, die universelle Verbundenheit bedeutet. Die Zahl 2 ist dem Wasser und der polaren Welt zugeordnet.

In seinem Vortrag »Das Geheimnis des Wassers« erklärte Masaru Emoto, dass Wasser eine »außerirdische Intelligenz« sei, die im gesamten Universum kreise. Die Bergspitzen fangen das Wasser auf, filtern es und tragen es in die Weltmeere zurück. Der Mauna Kea auf Hawaii ist vom Meeresgrund aus gemessen der höchste Berg unserer Erde. Er fängt das reinste Wasser auf. Es fließt durch ihn, und man kann im Pazifik Ströme sehen, die durch dieses gereinigte, gefilterte Wasser gespeist werden.

Mache dir das Wasser in allem Leben bewusst! Der Ozean ist überall, er beschränkt sich nicht auf das sichtbare Meer, da Wasserstoff in allem enthalten ist. Wasser spiegelt, verbindet sich. Wasserkristalle verändern sich je nach Schwingung. Sie sind das Gedächtnis der Natur. Die ersten feinstofflichen Verbindungen waren kristallin, flüssig, fließend, gegenläufig strömend, aus der »Urquelle« stammend und in die »Quelle« zurückströmend, auf- und niedersteigend, kreisend. Der Kreislauf des Lebens formte sich durch Wasserstoff.

TIPP

Wasser segnen

Wasser ist bestens als Energieträger geeignet. Durch Gedanken, Klang und Gesang kann man Wasserkristalle verändern. Da wir göttlichen Ursprungs sind, können wir durch die Ausrichtung auf unsere Göttlichkeit den Segen, die subkristalline Ordnung, herstellen.

Gehe auf deine Weise in dein »Gottesbewusstsein«. Warte, bis du den goldenen Segen in dir fühlst. Halte deine Hand über ein Glas mit Wasser. Spüre den feinen Energiestrom, der aus deinem Handchakra strömt. Du kannst dazu tönen oder Sätze sprechen wie: »Ich segne dieses Wasser.« Möge der Segen in das Wasser hineinströmen und es wieder in der göttlichen, klaren, harmonischen, positiven, lichtvollen Ordnung ausrichten. Fühle dabei die Kraft und die Heiligkeit jeder einzelnen Silbe.

Wasser informieren

Du kannst auch gern ein Experiment durchführen. Nimm zwei Gläser Wasser. Das eine lässt du, wie es ist. Das andere energetisierst du, indem du tönst oder sprichst. Teste, ob sich der Geschmack unterscheidet.

Wasser im Alltag

Denke daran, am Tag viel Wasser zu trinken. Stelle dir vor, unter fließendem Wasser zu sein und dein Energiekleid mit dem Wasser zu reinigen und aufzuladen. Du kannst Wasser auch mit anderen Substanzen, zum Beispiel Himalayasalz, Kristall, Diamant, anderen Edelsteinen, einer Pflanzenessenz usw., verbinden, wodurch eine homöopathische Wirkung entstehen kann.

HELIUM
Element Feuer – Einheitslicht

Am Anfang war das Licht.
Es werde Licht.

Feuer, Flamme, Licht,
Feuer, Flamme, Licht,
Feuer, Flamme, Licht,
Gott (Vater, Mutter und Kind in einem),
meine persönliche Liebeskraft
und die Kraft meines Unterbewusstseins
sind ein unschlagbares Team.

»Helium« (altgriechisch *hélios*) bedeutet »Sonne« und könnte spirituell als unendliches, allumfassendes Licht bezeichnet werden. Helium ist nach Wasserstoff das zweithäufigste Element im Universum. Es kommt nur atomar vor. Nach anerkannten Theorien sollen sich nach dem Urknall Neutronen und Protonen durch Kernfusion zum ersten Atomkern – Lichtkern – vereinigt haben. Somit ist Helium das Element der ersten Stunde. In ihm ist das gesamte Licht- und Sonnenspektrum vereint. Es wird durch Kernfusionen in Sternen produziert. Es liefert die Energie, die die Sterne zum Leuchten bringt. Und es steht im Zusammenhang mit dem Nullpunktfeld, auf das die Erde zusteuert.

Die Heliumverbindung können wir uns als zwei Ströme im Inneren des Kerns plus zwei Elektronen vorstellen. Wir finden im Heliumatom das Sonnenzeichen, das Kreuz, die Verbindung zweier Unendlichkeiten und die Merkaba (das Lichtfeld, das alles Leben umgibt, in der Form eines Sterns als männliches und weibliches Tetraeder ineinandergeschoben), durch die alles Leben hier auf die Erde kommt und die die drei Ströme Männlich, Weiblich und im Zentrum Neutral, sprich Göttlich-kindlich, vereint.

Das Urlicht wirkt auf unsere DNA und erinnert uns an unser Lichterbe. Deswegen ist die Ausrichtung auf die Urquelle, auf das Urlicht, sehr wichtig für unsere spirituelle Entwicklung. Das göttliche Atom, das ewige Licht der Urquelle, befindet sich in uns. In unseren Lichtdrüsen und in der fünften Kammer des Herzens. Das Licht ist der Same, der in der Liebe aufgehen und sich vollständig entfalten kann. Die Metamorphose des Menschen zum Gottmenschen vollzieht sich aus dem innersten Atom des Herzens, indem wir uns vollständig für die Liebe öffnen. Wenn wir uns im Licht ausrichten, uns auf unser wahres ewiges Wesen besinnen, das Wesen hinter unserer physischen Erscheinung, und im Licht der Liebe, im Christuslicht und in der Einheit wirken, können wir vieles wandeln. Auf dieser Ebene wirken Lichtnahrung, Lichtarbeit, Umwandlung und Transformation, die Verbindung mit den Lichtwesen und vieles mehr.

Spirituell gesehen hat Helium die Aufgabe, uns an unsere wahre Natur zu erinnern und an unseren höheren Auftrag, wieder ganz im Licht der Einheit und im vollen Bewusstsein dessen, wer wir sind, zu erwachen.

Kleine tägliche **Meditation**

Wähle einen Ort, an dem du ungestört bist. Werde ganz still. Fühle das »ICH BIN«. Fühle dem Klang in deinem Sein nach. Stelle dir vor, wie dein Körper in ein blendendes, weißes, brillantes, diamantenes Licht des ersten Schöpfungstages eingehüllt ist. Halte dieses Bild. Fühle die Verbindung und das EINSSEIN von deinem äußeren Selbst, deinem inneren Selbst und deinem ewigen Selbst, dem mächtigen Gottesfunken, dem göttlichen Atom in dir. Richte deine Aufmerksamkeit auf den Mittelpunkt deines Herzens. Lasse das Licht des göttlichen Atoms wie eine Sonne immer strahlender und heller werden. Sprich: »In vollendeter Freude gebe ich mich ganz dem Glanz des einen Lichts, der Fülle und des Friedens, der mächtigen Gottgegenwart ICH BIN, dem reinsten ewigen Licht hin!«

Spüre nun das Licht, und verstärke es in jeder Zelle deines Körpers für mindestens 10 Minuten. Dann sprich: »Ich bin Licht. Ich liebe das Licht. Ich diene dem Licht. Ich werde durch das Licht erleuchtet, versorgt, getragen und geführt. Ich segne das Licht. ICH BIN.«

Unsere wahre Natur ist Licht von Licht, reines Licht, rein, leicht, schwerelos, frei. Nicht Verneinung, sondern Wandlung ist der Weg in die Meisterschaft.

KOHLENSTOFF
Element Erde – Diamant-Kristall-Wasser

Besinne dich immer auf die Bausteine des Lebens, denn sie führen dich wieder nach Hause.

Die höchste Form des Kohlenstoffs ist der Diamant. Er stammt aus dem Schöpfungszyklus des Sonnenzeitalters auf Erden. Er verbindet Licht und Form. Das Licht ist in aller Form.

Kohlenstoff ist der zweitstärkste Stoff, das zweitstärkste Element, in unserem Körper und in allem Leben. Wenn unser Kohlenstoff so rein wäre, wie er es im Schöpfungszyklus war (Kohlenstoff in Form des Diamanten), dann wären wir vollständig im Licht und gesund. Wir bräuchten keinerlei Medizin – weder chemische noch Naturmedizin. Der Kohlenstoffhaushalt im Menschen wird in der Medizin nicht beachtet, dabei ist Kohlenstoff der Grundbaustein allen Lebens. Ihm sind das Elementsymbol C und die Ordnungszahl 6 zugeordnet. Aufgrund seiner besonderen Elektronenkonfiguration besitzt er die Fähigkeit zur Bildung komplexer Moleküle und weist von allen chemischen Elementen die größte Vielfalt an chemischen Verbindungen auf. Diese Eigenschaft macht den Kohlenstoff zur Grundlage des Lebens auf Erden. Ohne Kohlenstoff gäbe es kein Leben. Ohne Kohlenstoff gäbe es kein Universum. Kohlenstoff ist ein essenzielles Element der Biosphäre. Er ist nach Sauerstoff (Wasser) das bedeutendste Element. Jedes lebendige Gewebe ist auf organischen Kohlenstoffverbindungen aufgebaut. Kohlenstoff besitzt sechs kugelförmige Elektronen. Die Kugel ist die Mutter der platonischen Körper und trägt alles in sich. Der Kohlenstoff kann alle platonischen Körper und damit alle Grundbausteine des Lebens aufbauen. Er trägt die »Saat des ewigen Lebens« in sich. Wir können ihn mittels unseres Bewusstseins in die höchste Form des Urlichts zurückwandeln.

Der Diamant ist, wie bereits erwähnt, die reinste und höchste Form des Kohlenstoffs. Er stammt aus dem ersten Schöpfungszyklus der Sonne. Andere Formen des Kohlenstoffs, zum Beispiel im Schungit, stammen aus späteren Zeitaltern. Die Struktur des Diamanten ist tetraedisch. In dieser Form hat er eine stark reinigende Wirkung und richtet uns wieder im Licht der Urquelle aus, das wir sind. Der Diamant wächst weiter in Hexaeder- und in Oktaederform. Er entspricht Metatrons Würfel, da er das Licht des Schöpfungszyklus und der vollständigen Schöpferkraft in sich trägt. Er stärkt die Schöpfer- und Lichtkraft in uns und hilft uns, die Felder umzuwandeln, die nicht dienlich sind. Er führt uns zu unseren Lichtwurzeln, zu unserem wahren Ursprung.

TIPP: Diamant-Kristall-Wasser

Botschaft des Diamanten

ICH BIN dein Spiegel!
ICH BIN das Licht, Licht von Licht, ewiges Licht.
ICH BIN in dir, du bist in mir.

Diamant-Kristall-Wasser herstellen

Diamant und Kristall kann man gut zusammen verwenden. Da Kohlenstoff die Qualität der bedingungslosen Verbindung mit allem hat, verstärkt er alles, womit er sich verbindet. Beispiel: Hast du ein chemisches Mittel zur Blutverdünnung eingenommen und trinkst dann Diamantwasser, wirst du die Nebenwirkungen des chemischen Stoffes deutlich und verstärkt wahrnehmen, da der Diamant nicht zwischen Gut und Böse unterscheidet. In Kombination mit dem Kristall verstärken sich die Eigenschaften von Kristall und Diamant gegenseitig, die Lichtinformation geht in die Kohlestoffverbindung unseres Systems über, klärt, durchlichtet, reinigt und füllt Energie auf.

Verwende Wasser mit einer guten Qualität (zum Beispiel Quellwasser). Lege einen Rohdiamanten zusammen mit einem Bergkristall in das Wasser. Nach 10 Minuten kannst du es zu dir nehmen.

Wirkung: Innerhalb kurzer Zeit wirst du eine Veränderung in dir bemerken. Mehr Licht, eine größere Strahlkraft, Weite, positive Energie. Die Frage ist: Wie lenkst du diese Energie in Gedanken, Gefühlen, Worten und Taten?

SAUERSTOFF / STICKSTOFF
Element Luft – Lebensatem

Atem des Lebens – Verbindung – Austausch und Aufladung

Der freie Sauerstoff auf der Erde ermöglicht das Leben, so, wie wir es kennen. Damit nimmt die Erde im Planetensystem eine Sonderstellung ein. Es gibt andere Planeten, auf denen ebenfalls Sauerstoff zu finden ist, allerdings nicht in freier Form, sondern in Verbindung mit anderen Elementen.

Sauerstoff, auch Oxygenium genannt, ist ein chemisches Element, ein farbloses Gas mit dem Elementsymbol O. Entsprechend seiner Ordnungszahl 8 steht er an achter Stelle im Periodensystem. Er hat 8 Protonen, 8 Neutronen und 8 Elektronen und ist ein zweiatomiges Molekül. Er ist das häufigste und am weitesten verbreitete Element auf der Erde und findet sich in der Erdatmosphäre und der Erdkruste ebenso wie in der Erdhülle. Er wird auch als Lebensluft, Feuerluft, Prana, Qi, Ruach, Pneuma und Lebensatem bezeichnet. Sauerstoff verbindet und löst. Er führt zu und transportiert ab. Sauerstoff ist für das Leben auf der Erde elementar. Er setzt in der Reaktion mit anderen Stoffen Energie frei.

Die Grundform der Luft ist das Oktaeder, eine doppelte Pyramide mit acht Flächen. 8 ist die Zahl der Unendlichkeit. Das Oktaeder kann sich am schnellsten und beweglichsten, nämlich mit Lichtgeschwindigkeit, leuchtend hell in allen Ebenen und Dimensionen bewegen. Es trägt uns, beflügelt uns, lädt uns auf, verjüngt und reinigt uns und richtet uns wieder auf unser wahres Wesen aus.

Über den Atem des Lebens sind wir mit allem verbunden. Über den Atem des Lebens finden beständig und stetig ein Austausch und ein Energieabgleich statt. Wenn wir geboren werden, atmet das Göttliche aus und haucht uns den Lebensatem ein, während wir das erste Mal EINATMEN. Wenn wir sterben, ist das Letzte, was wir tun, AUSZUATMEN. Wir werden geatmet. Die Quelle atmet uns vom ersten bis zum letzten Atemzug. Der Atem trägt uns unabhängig von allen Umständen durch diese materielle Erfahrung.

Der Atem des Lebens kommt von dir, AKUA (göttliche Quelle). Der Wind trägt uns alles zu, was wir für heute wissen müssen. Während der Entstehung des Lebens wird uns alles über die Nabelschnur zugeführt. Wir sind an ein größeres System (das der Mutter) angeschlossen, das uns versorgt und nährt. Das Paradies ist in uns. Hawaii ist, wo immer ICH BIN.

HA – der Lebensatem
WAI – fließende, strömende Energie
I – aus dem Höchsten kommend

Der Atem wird in vielen spirituellen Traditionen auch Gotteswind, Heiliger Geist oder Lebenskraft genannt. Er ist das, was das Leben beseelt und inspiriert. Fast alle spirituellen Lehren beginnen mit dem Atem des Lebens. Für jede Meditation hat der Atem eine zentrale Bedeutung, da er die verbindende, feinstoffliche Bewegung des Lebens ist. Im Atem ist der göttliche Geist, der alles Sein reinigt, erhöht und mit reinem Licht, reinem Prana, erfüllt.

Übung: Den Lebensatem spüren

Nimm dir einen Moment Zeit. Atme bewusst. Atme zusammen mit einer Person, atme zusammen mit einer Gruppe, atme zusammen mit den Bäumen. Alles wird durch diesen Lebensatem beseelt und aufgeladen. Energie wird über den Atem übertragen.

Wie viel Luft nimmst du dir? Bis wohin atmest du? Lerne, tief und langsam zu atmen, und spüre, wie viel mehr Energie du im Leben zur Verfügung hast.

Übung: Energiebewegung und Reinigung durch den Atem

Schließe deine Augen, und nimm ein paar tiefe Atemzüge. Sei dir deines Körpers vollkommen bewusst, mit jedem Atemzug mehr. Richte deine ganze Aufmerksamkeit auf deinen Kopf. Atme zuerst in deinen Kopf. Nimm ihn vollkommen wahr, fühle die Kopfhaut immer mehr. Bemerke, wie einfach es ist, dies zu tun.

Richte deine Aufmerksamkeit nun auf deine Augen – die Augenlider, Augäpfel, Augenhöhlen, innen wie außen. Atme in deine Augen. Fühle, nimm wahr, sei dir deiner Augen bewusst. Mit jedem Atemzug spürst du sie mehr.

Sei dir jeder Spannung, jeder Anspannung bewusst (auch deiner Gedanken und Gefühle), nimm sie wahr. Nimm auch, wo du gar nichts fühlen kannst, wahr, und sei dir dessen bewusst. Alle unangenehmen Gefühle und Emotionen, Schmerzen, sei dir ihrer gewahr, sei dir ihrer bewusst, nimm diese Bereiche vollkommen wahr.

Wenn du ein Gefühl, eine Anspannung oder einen Bereich gefunden hast, bewege deinen Kopf ein ganz kleines bisschen, sodass es kaum wahrnehmbar ist. Damit vollziehst du sowohl eine kleine Körperbewegung als auch eine Energiebewegung. Richte deine Aufmerksamkeit auf die Anspannung, auf das Unangenehme, und mache kleine Bewegungen, sodass die Anspannung entlassen werden kann, Stück für Stück, von einer kleinen Bewegung in die andere. Atme dabei gezielt in diesen Bereich.

Bewege gleichzeitig deinen Geist, sodass sich unangenehme Gedanken und Betrachtungen zu diesen Anspannungen auflösen können. Tue dasselbe auch mit deinen Emotionen: Nimm sie wahr, fühle sie, und bewege sie ganz sachte hin und her, bis auch sie entlassen werden können! Atme gezielt in diese Bereiche.

Wenn du immer noch irgendeine Anspannung in dir fühlst, sei dir vollkommen darüber bewusst, nimm sie wahr, die damit verbundenen Spannungen, Schmerzen, unangenehme Gedanken, Bilder und Emotionen. Atme tief in die Anspannungen hinein. Bewege diese Anspannungen so lange hin und her, bis sie sich auflösen. Atme gezielt und bewusst in diese Bereiche.

Richte deine Aufmerksamkeit nun auf deinen gesamten Körper. Finde Spannungen, Anspannungen, Verspannungen auch dort, wo nichts zu fühlen ist, nimm die dazugehörigen Schmerzen, Unangenehmes, Bilder, Gedanken wahr. Bewege deinen ganzen Körper ganz sachte hin und her, und bringe die Energie dort zum Fließen. Bemerke Gedanken dazu, Gefühle, tue dies so lange, bis sich alles entspannt hat, nimm dir Zeit dafür. Vielleicht findest du auch in dir Ebenen, wo du noch nie gewesen bist. Finde sie, nimm sie wahr, fühle sie, entlasse sie, und entspanne. Mache so kleine Bewegungen, wie es dir möglich ist, die aber immer noch dasselbe Resultat hervorbringen. Wenn du einen Bereich oder Punkt der Anspannung findest, dann habe den Willen, diesen mit Atmung und Bewegung zu entlassen und aufzulösen.

Gezieltes Atmen reinigt, öffnet, klärt, lädt auf und erzeugt heilsame Ströme. Erlebe es selbst!

DIE ELEMENTARWESEN

Elemente sind elementar. Aus den Grundstrukturen und Eigenschaften der Elemente und den lebendigen Elementarkräften bauen sich die materiellen und lebendigen Lebensströme auf. Wenn der Lebensimpuls sich in die Quelle, in das geistige Licht, zurückgezogen hat, kehren sie in ihren Ursprung zurück. Sie kehren zurück in die Erde.

Neben den heiligen Strukturen der Elemente gibt es das lebendige Wesen der Natur, das die Struktur belebt, sie bewegt und damit alles mit allem im lebendigen Geist verbinden kann. Wenden wir uns nun diesem lebendigen Geist der Elemente zu.

Die Elementarwesen bilden die dritte Evolutionslinie hier auf Erden. Sie sind mächtige Naturgottheiten aus anderen Ebenen und Dimensionen. Die Evolutionslinie der Elementarwesen ist mit uns über die Heilige Geometrie verwoben. Sie ist jedoch vollkommen mit uns, unserem Werden und dem nächsten evolutionären Schritt verbunden. Die Wesen der Elemente stellten sich sozusagen der Welt, auf der wir leben, und uns in Form unseres Körpers zur Verfügung. Sie bilden den menschlichen Körper ebenso wie die Atmosphäre und den Körper der Erde, der Steine, der Pflanzen, der Tiere – von den sichtbaren Erscheinungen bis in die feinstofflichen Lichtdimensionen. Aufgebaut in perfekter Heiliger Geometrie, die alle Ebenen und Dimensionen verbindet – wie eine »Blume des Lebens«, vom innersten kleinsten Atom und Königreich der Erde bis in die höchsten Ebenen des Universums.

Es gibt alte Legenden, in denen die Elementarwesen herabstiegen, um das Land, auf dem wir heute leben, in seiner Heiligsten Geometrie zu formen. Von mächtigen erleuchteten Wesen, Gottheiten, ist die Rede. Sie formen die Atmosphäre sowie alles, womit wir in Verbindung stehen. Jeder Atemzug, jeder Schritt hier auf Erden ist von ihnen abhängig. Sie sind sehr geduldig, von unermesslichem

Liebeslicht erfüllt und gütig. Zu ihnen gehören die schweigenden Wächter und Wächterinnen, die Berggeister, Landschaftsdevas und mächtigen Naturgottheiten. Weiter die Naturgeister wie Elfen, Waldgeister und viele andere mehr. Sie werden aus dem Heiligen Geist, dem höchsten Licht, dem göttlichen Atem, gespeist. Jeder liebende und hellsichtige Mensch kann diese wundervollen Wesen wahrnehmen, in unterschiedlichem Ausmaß fühlen und sehen. Wir Menschen wirken in ihrer Aura. Wir atmen die Luft und nehmen die Energie in uns auf, die sie erzeugen.

Unser Körper ist ein »Naturwesen«. Er unterliegt bestimmten Zyklen und Rhythmen wie Schlafen und Wachen, Ruhe und Bewegung, Ausgewogenheit und Balance und braucht Nahrung, da er an die Gesetze der Erde angeschlossen ist. Unser Geist hingegen kann darüber hinausgehen. Doch wenn der Körper nicht mehr mag, kann der Geist tun, was er will. Fühlen und Balance, Ruhe und Bewegung, Ausgewogenheit und Rhythmus sind der Weg eines gesunden Leben.

Die Naturwelten stellten sich zur Verfügung, damit der kosmische Geist sich in physischer Form erfahren konnte, um neue Bewusstseinsebenen zu erschließen. Im Sterbeprozess zieht sich dieser Geist zurück ins Licht, während die Naturwelten den Körper, den sie aufgebaut haben, langsam zurücknehmen und ihn wieder in seine Elemente, Erde, Wasser, Feuer, Luft und Raum, auflösen.

Die schweigenden Wächter und Wächterinnen der Elemente und der Erde, die wir überall still bemerken können, die Löwentore von AN, die wir in besonderen Landschaftsabschnitten oder Naturräumen betreten können, halten die Blaupause von Gott (Vater, Mutter und Kind), den drei universellen Lebensströmen, in allem aufrecht – in einer Blume, in einem Baum, in einem Körper, in einer Landschaft, in einer Bergkette. Wunderschöne, weithin erstrahlende Landschaftsdevas beseelen jede aufbauende Tätigkeit auf der Erde. Sie sind Götter und Göttinnen aus anderen Sphären, Meister und Meisterinnen der Präzipitation (der inneren Versenkung in die höchsten göttlichen Schwingungen), die uns helfen, vollkommen im Menschsein und in unserer göttlichen Natur zu erwachen. Alle Meister und Meisterinnen, die den Erdenweg beschritten haben, lebten und wirkten in der Natur und sind in dieser erwacht, da sie hier von großen, mächtigen, ewig göttlichen Wesen unterstützt wurden, wieder ganz in die Liebe und voll bewusst im Licht zurückzukehren, zum Beispiel Buddha unter dem Boddhibaum, Elias in der Wüste usw.

Wir Menschen sind geistig und beseelt. Licht und Liebe. Wir vereinen die Welten in unserem Herzen. Die Welten vereinen und verbinden sich in der Heiligen Geometrie. Wir gestalten und formen die lebendige Natur mit.

Schauen wir in die Seele einzelner Länder. Sprache ist Klang und Ausdruck. Die Sprache und das Licht der Menschen eines Landes spiegeln sich in der Landschaft und der Natur wider. Die Natur ist unser Spiegel, und sie sendet uns Zeichen. Nimm dir Zeit, um darüber zu meditieren.

Wenn wir die Natur segnen und mit unserer Liebe bedenken, so spiegelt uns die Welt der Devas diese Schwingung wider. Wir erschaffen eine liebliche, fruchtbare, nährende, freudvolle und liebevolle Atmosphäre und können in Hülle und Fülle leben. Stacheln an Pflanzen bilden sich zurück. Alles beginnt, zu erblühen. Quellen beginnen, zu sprudeln. Neue Pflanzen verströmen ihren Duft in unserem Garten.

Schauen wir uns die Liebe, die oft durch das weibliche Prinzip in den Ländern vertreten wird, an. Schauen wir uns an, wie mit Frauen und Natur umgegangen wird. Die Länder spiegeln dies in ihren Landschaften wider. Jede Wüste könnte blühen, würden wir die universellen, schöpferischen Prinzipien von Männlich und Weiblich harmonisieren und in allen lebendigen Kräften den freudig verbundenen kindlichen Teil ehren. Schauen wir uns nur den blühenden Garten der Findhorn-Gemeinschaft in Schottland an. Wir können das Wunder der Fülle durch eine Ausrichtung an den universellen, ewig gültigen geistigen Gesetzen und in Hinwendung in Liebe erzeugen.

Die Elementarwesen leben in einer Dimension des göttlichen Lichts. Ihre Dimension ist immer verbunden mit der Hoffnung, der Harmonie und der Erfüllung der Existenz. Unsere Worte, Gedanken, Gefühle und Handlungen sind in ihrer Dimension ebenso real und substanziell wie die einer Pflanze, sie erzeugen Formen, Klang und Schwingungsmuster, beeinflussen und formen die Natur.

Übung: Die Elementarwesen spüren

Halte an dieser Stelle einmal inne: Mache dir bewusst, dass diese Erde lebendig und immer in Liebe und Fürsorge ist. Dass sie aus weiblichen, männlichen und kindlichen Strömungen sowie göttlichen Wesenheiten besteht. Ein ewiger Lebensstrom pulsierender Energie, der sich fortlaufend wandelt, gemäß seiner Bestimmung. Lebendige, wundervolle, mächtige, träumende göttliche Wesen, immer in Fürsorge und einer immensen Liebe für uns, die sich zur Verfügung stellen, damit wir diese Erfahrung machen können.

Wenn du das nächste Mal in die Natur gehst, achte auf die schweigenden Wächter und Wächterinnen (Bäume, die wie ein Tor wirken, Steine, die einen neuen Abschnitt markieren, besondere Felsformationen usw.). Begrüße sie, und ehre sie, und du wirst eine völlig neue Erfahrung in der Natur machen können. Wir sind nicht allein. Wir werden gesehen. Alles wird gesehen.

TIPP: Teilen mit der Natur

Wenn du in der Natur bist, hebe dein mitgenommenes Wasser in den Himmel, spüre seinen Segen. Gib den ersten Schluck Wasser an Mutter Erde und ihre Wesen. Segne die Erde, nimm dann selbst einen Schluck, und teile dein Wasser mit anderen. Dasselbe gilt für Brot, süßes Gebäck, Obst, das du in der Natur dabei hast. Glaube mir, der Segen und deine Aufmerksamkeit werden bemerkt und geschätzt.

Die Elementarwesen sind Teil eines kollektiven Bewusstseins. Sie wissen, dass sie Teil der Einheit und in ihr verbunden sind. Jedes Element enthält die Gesamtheit aller Elemente in sich. Obwohl sie in unzähligen Formen und als unterschiedliche Wesen existieren, so sind sie in der Heiligen Geometrie in verschiedenen Dimensionen miteinander verbunden. Sie können sich den Menschen über den Wächter oder die Wächterin als eine Stimme mitteilen und mit den Menschen zusammen aus der Einheit in der Liebe wirken.

Zu den bekanntesten schweigenden Wächtern und Wächterinnen zählen die Wächterin unseres Sonnensystems, Circulata, und die Wächterin unserer Erde, Immaculata, in der Verkörperung heiliger Frauen wie Mutter Maria, Quan Yin oder der Grünen Tara, die alles Leben liebt, hütet, nährt und beschützt. Sie ist die universelle Liebe.

Wächter und Wächterinnen der heiligen Urformen der Elemente

- *Ätherhüter – Akasha und Devos – göttliche Intelligenzen der Ätherreiche*
- *Wasserhüter – Neptun und Lunara – göttliche Intelligenzen des Wasserreiches*
- *Feuerhüter – Helios und Vesta – göttliche Intelligenzen des Feuerreiches*
- *Erdhüter – Pelleur und Virgo – göttliche Intelligenzen der Erdreiche*
- *Lufthüter – Thor und Aries – göttliche Intelligenzen der Luftreiche*

Über die Elementarwesen habe ich ausführlich in meinen Büchern über die Naturgeister geschrieben und möchte hier nur einen kurzen Überblick geben.

Die Elementarwesen sind die Wesen der Elemente (Feuer, Wasser, Erde, Luft, Äther). Sie sind verbunden mit den platonischen Körpern, die ihrer Welt zugeordnet sind, und können über sie gerufen werden, um Himmel und Erde, Körper und Geist in ein harmonisches Ganzes zu bringen. Wenn wir mit den platonischen Körpern wirken, so rufen wir die lebendige Kraft der Elemente mit dazu, und es geschieht spürbar und manchmal auch direkt sichtbar viel Heilung auf allen Ebenen.

Elementarwesen freuen sich, wenn sie angerufen oder bewusst hinzugerufen werden, bei Zeremonien, Heilarbeiten und anderen Tätigkeiten, da sie dann in ihrer ganzen Freude und in ihrem Licht wirken können. Rufen wir die Elemente zusammen mit den platonischen Körpern in den Raum, so werden wir eine ganz neue Dimension der Einheit und der heilenden Ströme erleben können.

»Wir rufen euch, ihr heiligen Winde,
aus Osten und Westen und Norden und Süden,
kommt, versammelt euch an diesem Ort,
sodass heiliges Prana einströmen kann und sich die Luft klärt.

Wir rufen euch, ihr Engel und Erzengel,
ihr heiligen Wesen des Äthers, Akasha und Devos (Kugel).
Wir rufen die Wesen des Feuers, Helios und Vesta,
die Drachen und Salamander (Tetraeder).
Wir rufen die Wesen des Wassers, Neptun und Lunara,
die Undinen, Delfine und Wale (Ikosaeder).
Wir rufen die Wesen der Erde, Pelleur und Virgo,
die Gnome, Wächter und Hüter (Hexaeder).
Wir rufen die Wesen der Lüfte, Thor und Aries,
die Sylphen (Oktaeder).
Wir rufen die Wesen des Klangs,
wir rufen die Wesen der Farben,
wir rufen die Wesen der Formen
(Metatron und Shekina – Metatrons Würfel),
kommt in der Einheit (Kugel – Blume des Lebens) zusammen.
Verbindet euch im Zentrum des Herzens (Dodekaeder/Venusstern).
Versetzt diesen Ort in eine heilige Schwingung, damit wir gemeinsam im großen Plan der Einheit wirken können.«

Meine spirituelle Lehrerin ist, wenn sie wach wurde, nicht aufgestanden, ohne die schweigenden Wächter der Elemente anzurufen und sie zu bitten, nur das, was dem Leben dient, in ihr Leben zu lassen. Sie war eine großartige und begnadete Heilerin.

Hier ihre Version: Bevor du deine Augen aufmachst, nimm die schweigenden Wächter des Universums in jeder Himmelsrichtung wahr. Begrüße alle Himmelsrichtungen auf deine Weise, und sprich: »Lasst heute nur in mein Leben, was dem lebendigen Geist dient. Lasst nur hinein, was dem Leben dient. Danke!«

Sie hat sich über den Verlauf des Tages keine Gedanken gemacht, da sie wusste, dass nur das als Erfahrung in ihr Leben kommen konnte, was dem Leben dienlich ist.

Kurzübersicht über die Elemente

- *Universal – Kugel– Schweigende Wächterin – allumfassendes Einheitsbewusstsein*
- *Erde – Hexaeder – Pelleur und Virgo – Gnome – materielle Wirklichkeit*
- *Feuer – Tetraeder – Helios und Vesta – Salamander – energetische Wirklichkeit*
- *Wasser – Ikosaeder – Neptun und Lunara – Undinen – emotionale Wirklichkeit*
- *Luft – Oktaeder – Thor und Aries – Sylphen – geistige Wirklichkeit*
- *Herz/Äther – Dodekaeder– Christuslicht – Einheit allen Seins – Urquelle*

Der Wächter und Meister der Elemente ist Meister Lemuel. Er hilft uns, die Elemente ins Gleichgewicht zu bringen.

Die Elementargeister der jeweiligen Ordnung

- *Äther – Devas*
- *Feuer – Lichtgeister und Musen, Drachen*
- *Wasser – Nymphen, Nereiden, Nixen, Meerjungfrauen*
- *Erde – liebendes Mütterchen, die alten Weisen, Gnome, Steinwesen*
- *Luft – Feen, Raumfeen, Pflanzendevas, Devameister*

Wenn wir eine Flamme entzünden, so können wir dies nur tun, weil es das Feuer schon auf geistiger Ebene gibt. Wir rufen ein Elementarwesen des Feuers herbei, das mit seinem Astralkörper der Flamme Kraft gibt und sie anregt, hell zu brennen. Du kannst es manchmal in den Flammen einer Kerze tanzen sehen.

Wir erkennen die geistigen Urformen der Elemente in allem Leben. Indem wir sie erkennen, können wir sie in der Heilarbeit einsetzen, um die Balance in einem Feld wiederherzustellen. Es geht immer um das Gleichgewicht und die Harmonie mit unserer göttlichen, wahren Natur.

Übung: Die Elemente

Nimm dir Zeit! Meditiere über die Elemente im Einzelnen. Von der grobmateriellen Ebene bis hin zur feinstofflichen, ätherischen Ebene hat ein Element viele Dimensionen und feine Bereiche. Nimm die Ebenen hinter der sichtbaren Form wahr – Strukturen, Muster, Formen, Farben, Wesen, Klang, bis in die höchsten Ebenen. Alle Ebenen sind über die Heilige Geometrie verbunden und bedingen sich gegenseitig.

Die reinste Form der Erde ist der Kristall. Die höchste Form des Feuers ist das brillante Licht. Die feinste Form des Windes ist der goldene Segen. Die höchste Ebene des Wassers ist das Wasser des ewigen Lebens, ein Fluidum, das das ganze All miteinander verbindet und ständig in Kreisläufen und großen Verläufen aus der Quelle in die Form strömt und gleichzeitig wieder zurück. Alles ist verbunden in der Einheit. Auch du!

DAS KÖRPERELEMENTARWESEN

Es ist Aufgabe des Körperelementarwesens, unseren Körper zu erbauen, zu pflegen, zu hegen, zu reinigen, zu erhalten und immer wieder neu einzustellen. Jede Seele auf der Erde besitzt ein Körperelementarwesen. Ein Körper ohne den hingebungsvollen Liebesdienst eines Elementarwesens wäre dem Tode geweiht. Das Körperelementarwesen gehört zu den höher entwickelten Geistwesen. Seine Aufgaben sind hochkomplex und anspruchsvoll. Das sehen wir deutlich, wenn wir uns einmal mit dem Aufbau des menschlichen Körpers befassen. So viele Ebenen und Dimensionen in uns müssen aufeinander abgestimmt werden, damit wir eine Tätigkeit ausführen können, dass es uns oft wie ein Wunder erscheint. Die Heilige Geometrie verbindet alle Dimensionen, von der stofflichen bis zu den feinstofflichen Ebenen, miteinander. Indem wir sie in den lebendigen Geist des Körperelementarwesens einbeziehen, erleben wir Reinigung, Heilung und eine komplette Neuausrichtung.

Jeder Schritt, jede Entwicklung von der Zeugung bis ins hohe Alter wird vom Körperelementarwesen begleitet. Es hilft uns, uns in der materiellen Welt zurechtzufinden. Um ganz lebendig zu werden, dürfen wir uns dieser ungebrochenen Lebendigkeit des ewigen Lebensstroms annähern, das bedeutet, sich immer mehr für die spirituellen Ebenen zu öffnen – und damit immer mehr den Ebenen des Friedens, der Harmonie, der unermesslichen Liebe und der Fülle.

Ich möchte an dieser Stelle noch intensiver auf das Körperelementarwesen, das Naturwesen in uns, eingehen, denn über unser Körperelementarwesen sind wir mit der Erde und den Elementen im lebendigen Geist verbunden.

Der Mensch trägt den göttlichen Funken in sich. Ein Teil seines Seins stammt nicht von der Erde, sondern kommt von den Sternen und ist verbunden mit den kosmischen Gesetzmäßigkeiten, ewig, nicht an Raum und Zeit gebunden, frei. Unser Körper ist ein Naturwesen, verbunden mit den Gesetzmäßigkeiten der Erde. Unsere Seele ist der spirituelle Funke und bildet zusammen mit dem Körperelementarwesen den materiellen Körper. Beim Tod durchläuft die Seele alle Stadien und Tore der Elemente:

Äther: Der Raum ist von Licht erfüllt. Wir können die Geistige Welt wahrnehmen. Wesen und Seelen, die vor uns gegangen sind, die uns auf der anderen Seite in Empfang nehmen, erfüllen den Raum.

Luft: Der Atem wird schwer. Wenn das Licht erlischt, so tun wir unseren letzten äußerlichen Atemzug. Wir atmen aus, so, wie wir bei unserer Geburt eingeatmet haben.

Wasser: Der Kreislauf des Wassers wird unterbrochen, wir werden bleich, die Zeichen des Todes bilden sich.

Feuer: Der ewige Funke zieht sich zurück. Der Körper erkaltet.

Erde: Die Elementarwesen beginnen mit dem Abbau des Körpers, der Körper beginnt, zu verwesen. Pilze und Würmer bilden sich, um die Materie zu zersetzen und sie wieder in ihren Ursprung zurückzuführen.

Das Leben, der lebendige Funke in uns, ist ewig, souverän und frei. Es kann nicht kontrolliert oder begrenzt werden. Das Feld, aus dem wir stammen, ist unbegrenzt, intelligent, frei, schwerelos, glückselig.

Vor langer Zeit kam es zu einer Absprache zwischen den geistigen und irdischen Evolutionen, worin die Elementarwesen sich bereit erklärt haben, die Entwicklung der Seelen hier auf Erden zu begleiten. Hier in der materiellen Wirklichkeit erleben wir oft Grenzen, Einschränkungen des freien unantastbaren Geistes, der wir sind, Leid, Enge (Angst), Felder des Elends, die nicht unserer Schwingung entsprechen. Das führt oft zu einem inneren Rückzug. Je mehr wir unser wahres Licht dimmen, desto mehr erleben wir uns getrennt von der Welt. Dies führt zu Einsamkeit, Depressionen, Ohnmacht und Ähnlichem. Je mehr wir das wahre Licht in unserem Herzen ausdehnen, desto stärker sind wir verbunden und getragen. Liebe ist Verbindung. In dem Wort »Heilung« steckt »heilig«, und heilig sein bedeutet, mit den Sphären des Lichts verbunden zu sein und das Licht durch sich zu leiten. Unser inneres Wesen erschafft die Erfahrungen in der äußeren Wirklichkeit. Die äußere Wirklichkeit spiegelt uns.

Wie im Himmel, so auf Erden.
Wie innen, so außen.
Wie in mir, so in der Welt.

Erkenne dich selbst! In der Selbsterkenntnis liegt der Schlüssel zum Glück. Frieden und Glückseligkeit sind nicht an äußere Umstände gebunden. Je mehr wir das Licht in uns ausdehnen, desto mehr verbinden wir uns über die Heilige Geometrie mit anderen Ebenen und Dimensionen. Licht kann fließen und einen ununterbrochenen Strom der Heilung, Jugend, Regeneration und des Segens erzeugen. Je mehr wir uns dem Licht in uns und diesem Leben verwehren, desto mehr Einschränkungen erleben wir. Wir erkalten, erstarren, öffnen unser Feld für Schmerzen, die sich im Körper als Krankheit manifestieren können. Krankheiten können viele Ursachen haben. Sie können karmisch sein, also eine Folge von Ereignissen aus früheren Inkarnationen, sie können auf Speicher in der DNA zurückgehen und aus dem Ahnenfeld kommen, sie können aber auch durch den Rückzug des Lichts in uns entstehen.

Die Hawaiianer sagen, wir sind schon alles. Damit wir werden können, was wir bereits sind, braucht es Reinigung, Reinigung, Reinigung – von Überzeugungen, Glaubenssätzen, Mustern, Speichern. Deshalb basieren die meisten spirituellen Disziplinen auf Lichtausrichtung, Atmung, Reinigung, Aufladung und Ausdehnung. Weiter auf Schutz, Eigenverantwortung und Selbstfürsorge durch Rückzug in die Stille, Meditation, Übungen …

Viele Seelen können mit dem, was sie hier erfahren und erleben, nicht in Einklang kommen. Sie versuchen alles, um zurück in ihre wahre Heimat zu gelangen. Alles, was wir hier vorfinden, ist schon gedacht und erschaffen und entspringt dem kollektiven Bewusstsein. Wir selbst tragen den Geist der Wandlung, Erlösung und Veränderung in uns. Das, was wir in der Welt zu sehen wünschen, ist unser innerer Auftrag. Wir haben die Möglichkeit, uns hier im Leben mit unserem wahren Ursprung zu verbinden und von diesem lichtvollen Ort in uns heraus auf Erden zu wirken, solange es uns gegeben ist.

Da Elementarwesen ebenso aus dem göttlichen Licht stammen, aber anderen Gesetzmäßigkeiten unterliegen, und die Liebe alle Zeit der Welt hat, können wir im Rad des Karmas so lange verweilen, wie wir es wünschen. Der Ausstieg gelingt im Zentrum des Lichts, das die Liebe in allen Wesen ist, und in der Ausdehnung unseres ewigen Lichts durch die heilige Form unseres Körpers. Wir sind hier, um zu wandeln, zu erlösen und zu erleuchten. Uns selbst zu wandeln und zu erlösen in allem, was wir in der Weltenseele über Raum und Zeit geschaffen haben, und uns an das Paradies, das in uns ist, zu erinnern.

Die Hawaiianer kennen nur ein Gesetz: »Never hurt, always help! – Verletze nie, hilf immer!« Dies ist der sicherste Erlösungsweg, um neues Karma und Verstrickungen zu umgehen.

Je kraftvoller wir werden, je mehr wir wirklich erkennen, wer wir sind, in der Balance von Körper, Geist und Seele wirken, in unserem wahren Lichtwesen erwachen, desto liebevoller, bescheidener, demütiger, mitfühlender, friedlicher, freundlicher, edler, reiner und geduldiger wird unser Wesen. Es wird gottgleich, sonnengleich.

Körperelementarwesen kennen keine Bewertung und keinen freien Willen. Sie dienen. Jedes Organ hat ein Organwesen. Wir können mit unserem Körper kommunizieren. Wir drücken den Körperelementarwesen unseren Stempel auf durch unser Denken, Fühlen und Handeln. Es freut sich, wenn wir ihm Aufgaben geben und es in die Heilungs- und Regenerationsprozesse miteinbeziehen und mit ihm in Achtung und Wertschätzung umgehen wie mit einem guten Freund. Es hat Zugang zu einem unbegrenzten Potenzial und zu unserem wahren Erbe. Unser Körperelementarwesen möchte gern informiert werden, wenn Eingriffe, welcher Art auch immer, am Körper anstehen. Es freut sich über Lob, Dankbarkeit, Segen und Anerkennung. Seine Freude kennt keine Grenzen. Jede Störung im Körper kann durch Licht- und Energiearbeit und Medizin beseitigt werden.

Übung: In Kontakt mit dem Körperelementarwesen

Nimm dir Zeit. Schließe deine Augen. Fahre mit den Händen bewusst und liebevoll über deinen Körper, der alle Elemente und Grundbausteine des Lebens in sich trägt und in vollkommener Heiliger Geometrie aufgebaut ist. Vielleicht magst du in deiner Vorstellung Metatrons Würfel langsam von dem Raum über deinem Scheitel bis zu dem Raum unter deinen Füßen in einer drehenden Bewegung durch dich gleiten lassen, um dich im lebendigen Geist auf allen Ebenen auszurichten.

Beginne nun in deiner Zeit, dich für das lebendige Wesen deines Körpers zu öffnen. Nimm die Elemente in dir wahr. Danke deinem Körper für alles, was er für deine Seele tut. Öffne dich in Dankbarkeit für ihn. Fühle das lebendige Wesen deines Körpers, das lebendige Wesen deiner Organe, nimm sie wahr. Bitte sie, sich dir zu zeigen. Schaue, welche Signale sie dir senden.

Lasse dir Zeit, und baue so nach und nach eine wunderbare Beziehung zu deinem Körperelementarwesen auf. Achte auf die Signale, die dein Körper dir sendet, er lügt nie.

Achte darauf, wenn er Ruhe, Bewegung, Wasser, Luft braucht, und erfülle diese Bedürfnisse, sobald es dir möglich ist. Segne dein Körperelementarwesen. Werde Freund mit deinem Körper. Er ist mit der lebendigen Natur verbunden und der Weg in neue Ebenen und Dimensionen.

Der Aufstieg, das Erwachen, geschieht nicht, indem wir den Körper ablehnen, ignorieren und so schnell wie möglich hinter uns lassen wollen. Nein, der Körper ist die Samenkapsel, die das goldene Potenzial des Erwachens in der Einheit des Universums in sich trägt. Aus dem Zentrum deines Herzens, durch diesen in vollkommener Geometrie aufgebauten Körper, dem Tempel deiner Seele, geschehen das Erwachen und der Aufstieg. Dieses Leben ist ein Geschenk.

Durch Entwicklung und Evolution jedes Einzelnen geschieht der nächste Schritt in diesem Universum. Der nächste Schritt ist das Erwachen in der Allverbundenheit und Multidimensionalität, dem neuen WIR in der Einheit mit allem Sein. Das ist der Beginn des Zeitalters des Friedens.

Wir tragen das goldene Lichterbe in unserem Körper. Indem wir uns wieder im Einheitsbewusstsein allen Lebens ausrichten, kann sich die DNA entwickeln und sich mit unserem höheren und wahren Wesen verbinden. Die Zellen beginnen, in höheren Frequenzen zu vibrieren, die DNA-Stränge entrollen sich und verbinden sich mit unserem höheren Lichtwesen. Wir werden darin aufgehen. Wir wechseln die Ebenen, ohne den Körper zu verlassen. Die Elementarwesen helfen uns bei dieser Entwicklung. Und wir helfen ihnen bei der Entwicklung ihrer Evolutionslinie. So kann sich das Abkommen, das vor Urzeiten getroffen wurde, erfüllen.

In früheren Zeiten waren sich die Menschen der lebendigen Naturkräfte bewusst, und sie waren bestrebt, im Einklang mit ihnen zu leben. Sie ehrten die feinstofflichen Wesen des Lebens und teilten mit ihnen Wasser und Brot. Es gab Hausaltare und Altare in der Natur. In den Tempeln, eingebettet in die Natur, lebten Tiere, die von den Menschen behütet wurden. Alle Reiche waren vertreten und wurden miteinbezogen. Wenn man von der Natur etwas nahm, gab man etwas zurück. So war für alle in Hülle und Fülle gesorgt.

Die Naturkräfte spiegeln die Menschheit wider. Wir sind »Bergeversetzer«, da wir eins mit der lebendigen Natur sind. Wir sind in unserem höchsten Sein im Einklang mit den Welten des Kosmos und den Naturkräften. Beziehe sie wieder in dein Leben ein. Werde dir ihrer lebendigen Gegenwart bewusst. Sie erhalten deinen Körper und spiegeln dich in deiner Energie.

Übung: Verbindung mit den Elementen und Elementarwesen

Diese Übung kann man gut in der Natur machen, um die Elemente in der Natur und in sich wahrzunehmen. Segen und Liebe fließen reichlich!

Vorbereitung

Lege zuerst deine Hände um deinen Bauchnabel. Bitte dein inneres Wesen, seine Hände in deine zu legen, und verweile. Spüre die Liebe zu deinem inneren Lichtwesen, zu dem göttlichen Kind in dir.

Atme ein paarmal ein und aus, bis du in einem guten Bezug zu bzw. im Reinen mit dir selbst bist. Mache dir bewusst, dass dein Körper den Elementar- und damit den Naturwesen zu verdanken ist und dass du mit allen Elementen der Erde verbunden bist. Danke deinem Körperelementarwesen. Atme, und spüre, wie alle Anspannung, all die festgehaltene Energie, sich über die Atmung löst. Mit jedem Atemzug fließt frische, brillante Energie in dich ein, und mit dem Ausatmen lässt du verbrauchte und alte Energie los. Bis du klar, frei und bereit bist.

Aufladen mit Energie

Hinweis: Denke im Geist an die Töne EA beim Einatmen durch das Scheitelchakra. Denke an die Töne AA, wenn du deine Aufmerksamkeit auf den Nabel richtest. (Dies ist kein Muss, es kann jedoch der bewussten Atemlenkung dienen.)

1. Das Bewusstsein geht zur Quelle

Platziere deine Hände dort, wo du intuitiv deine Quelle, deine Mitte, fühlst. Atme an diese Stelle. Atme, und nimm das brillante, diamantene Licht wahr. Lege dann die Hände um deinen

Bauchnabel. Spüre, wie dein inneres Lichtwesen seine Hände in deine Hände legt und du immer mehr eins mit dir wirst. Atme das brillante, diamantene Licht durch deinen Bauchnabel in dein Zentrum herein. Spüre, wie es hereinströmt und dich vollständig auflädt.

2. Hohes Selbst – Lichtkugel

Du verbindest dich nun mit der Energie deines Hohen Selbst, indem du dich darauf konzentrierst (EA). Beide Arme gehen mit offenen Händen gerade nach oben und kehren mit geschlossenen Fäusten im Kreis zum Nabel zurück (AA). Spüre das Hohe Selbst in dir. Verweile – atme in deiner Vorstellung das brillante, diamantene Segenslicht ein, und gehe mit deinen Händen gerade nach oben. Fühle die Verbindung von deinem Unteren Selbst, deinem Mittleren Selbst und deinem Hohen Selbst. Wenn du mit deinen Händen nach oben gegangen bist, so ziehe sie in einem Kreis zu deinem Nabel zurück. Spüre die Verbindung und den Segen.

3. Luft/Wind – Spirit des Windes – Oktaeder

Deine Arme gehen offen nach oben und bilden einen 60-Grad-Winkel (EA). Nimm Kontakt mit der Luft auf. Spüre sie. Der Wind trägt dir alles zu, was du wissen musst. Ziehe die Luft mit geschlossenen Fäusten zum Nabel zurück (AA). Spüre die Kraft des Windes in dir. Verweile – atme in deiner Vorstellung das brillante, diamantene Segenslicht ein, gehe mit deinen Händen wieder schräg nach oben, und segne die Luft in deiner Vorstellung. Fühle die Verbindung und den Segen durch die Luft, den Atem in allem.

4. Wasser – Spirit des Wassers – Ikosaeder

Beide Arme gehen mit offenen Händen seitwärts. Nimm Kontakt mit dem Wasser in dir und in allem Leben auf. Spüre das Wasser, das auf allen Ebenen fließt, nicht nur in dir, sondern auch in der Natur, in den Bäumen, Gräsern, in der Erde … Ziehe die Energie des Wassers mit geschlossenen Fäusten zum Nabel zurück (AA). Spüre die Kraft des Wassers in dir. Verweile – atme in deiner Vorstellung das brillante, diamantene Segenslicht ein, öffne deine Hände noch einmal seitwärts, und stelle dir vor, wie der Segen in das Element Wasser strömt. Fühle die Verbindung und den Segen des Wassers in allem.

5. Feuer – Spirit des Feuers – Tetraeder

Beide Arme gehen mit offenen Händen schräg nach unten. Fühle Feuer, Flamme, Licht in dir, und kehre mit geschlossenen Fäusten zum Nabel zurück (AA). Spüre die Kraft des Feuers in dir. Verweile – atme in deiner Vorstellung das brillante, diamantene Segenslicht ein, gehe mit deinen Händen erneut schräg nach unten, und gib den Segen in das Element Feuer. Fühle die Verbindung und den Segen des Feuers, der Flammen und des Lichts in allem.

6. Erde – Spirit der Erde – Hexaeder

Beide Arme gehen mit offenen Händen gerade nach unten. Nimm deine Wurzeln und die Erde wahr, lasse sie bis in die Quelle hineinreichen, und kehre mit geschlossenen Fäusten zum Nabel zurück (AA). Spüre die Kraft der Erde in dir. Verweile – atme in deiner Vorstellung das brillante, diamantene Segenslicht ein, gehe mit deinen Händen wieder gerade nach unten, und gib den Segen in das Element Erde. Fühle die Verbindung und den Segen der Erde in allem.

7. Pflanzen – Herzfeld/Torusfeld – Öffnung in das Licht

Der linke Arm geht mit offener Hand seitlich nach hinten unten. Nimm die Pflanzenwelt wahr. Den Duft, die Sanftheit, das Erblühen, die Wesen, den Klang, und kehre mit geschlossener Faust zum Nabel zurück (AA). Spüre die Kraft der Pflanzen in dir. Verweile – atme in deiner Vorstellung das brillante, diamantene Segenslicht ein, und gehe erneut mit der linken offenen Hand seitlich nach hinten unten. Segne die Pflanzenwelt. Fühle die Verbindung zur Welt der Pflanzen.

8. Tiere – Instinkt – Welt der Kraft, der Muster, Farben und Vibrationen
Der rechte Arm geht mit offener Hand seitlich nach hinten unten in die Welt der Tiere. Nimm dein Krafttier bzw. die Tiere wahr, mit denen du verbunden bist, und kehre mit geschlossener Faust zum Nabel zurück (AA). Spüre die Kraft der Tiere in dir. Verweile – atme in deiner Vorstellung das brillante, diamantene Segenslicht ein, gehe erneut mit dem rechten Arm und offener Hand seitlich nach hinten unten, und lasse den Segen in die Welt der Tiere fließen. Fühle die Verbindung zur Welt der Tiere.

9. Mensch – göttlicher Funke
Beide Arme öffnen sich seitwärts nach unten. Spüre die Verbindung zu deiner Seelenfamilie auf der Erde. Kehre mit gekreuzten Armen zum Herzen zurück – verweile. Eine liegende Acht bildet sich über dem Herzraum – unendliche Liebe. Spüre die Liebe zu und die Verbundenheit mit deiner Seelenfamilie. Wenn du bereit bist, öffne deine Arme, breite sie weit nach links und nach rechts aus, mit einem Aloha aus deinem Herzen, bereit, Liebe zu teilen und Glück zu vermehren.

Kehre zum Abschluss zum Nabel zurück. Verweile, und spüre nach.

Diese Übung kann insgesamt dreimal hintereinander durchgeführt werden. Sie kann auch getanzt werden. Sie verstärkt die Verbundenheit und das Einheitsgefühl. Der Flow im Leben setzt ein.

Übung: Umwandlung disharmonischer Energien in der Natur

Violett und helles Ultraviolett sind die Farbschwingungen, die am besten helfen, negative Energien wieder in Licht zu wandeln. Da wir in erster Linie geistige Wesen sind, können wir jede geistige Lichtschwingung ins Leben rufen, indem wir uns darauf konzentrieren.

Du kannst dich mit den Meistern und Meisterinnen des Lichts verbinden. Stelle dir das violette und ultraviolette Licht vor. Stelle dir eine Spirale aus violettem Licht vor, und lasse sie in deiner Vorstellung so lange in der Natur wirken, bis die Energie von selbst ruhig, hell, weiß, gold und zutiefst friedlich wird.

Anmerkung: Die Welt der Elementarwesen ist an sich heil, da sie in einer unerschöpflichen, ewigen Freude der Einheit, der Lebensfülle und der Heilkräfte baden. Wir lösen nur die Schichten, die wir als Menschen verursacht haben, um die Fülle, die Einheit und das goldene Leben auf Erden wiederherzustellen. Je mehr wir die dunkle Glocke in und um uns lösen, desto mehr kommen auch wir wieder in den Zustand des Paradieses, in dem all die geistigen Wesen schwingen und klingen. Wir erheben uns in die Ursprungsschwingung der Schöpfung, die immer da ist, und erzeugen ein neues Feld des bewussten Einsseins.

DIE REICHE DER LEBENDIGEN ERDE

DAS KRISTALLREICH

Kristall = »Christ (über-)all«

Kristallisation ist die Grundlage der materiellen Wirklichkeit. Das Leben auf der Erde baute sich einst langsam durch die Kristallisation neuer Formen auf, das bedeutet auch, dass die erste materielle Form kristallin war. Schrittweise Kristallisation machte die langsame Materialisation und Verdichtung des Lichts erst möglich. Kristalline feinstoffliche Lichtstrukturen verbinden alles im lebendigen Geist der Einheit, in der Heiligen Geometrie, miteinander.

Kristalle sind in ihrer Definition Festkörper, die in einer regelmäßigen Struktur angeordnet sind. Die Kristallstruktur finden wir im gefrorenen Wasser, im Salz, in den Mineralien, in den Kristallen, in den Metallen, in allen Grundkörpern der Schöpfung. Das kristalline Licht ist das innere Licht in allen sichtbaren Formen. Silizium, Kieselsäure, ist eines der Grundelemente der Erde. Überall auf der Erde findet sich Silizium – in Quarzsand, in Edelsteinen, im Wasser der Ozeane, in unseren Knochen. Viele Lebewesen erzeugen Silizium wie Kieselalgen, Schwämme, Schachtelhalme, Bambuspflanzen etc. Kristalle, feinstoffliche kristalline Strukturen, das Licht in der Nacht, das Licht im Inneren der Dunkelheit, sind fein kristallin. Der Lichtkörper unserer Erde und der Lichtkörper aller geschaffenen Formen sind ebenfalls kristallin. Zudem ist unsere Erde von riesigen Kristalllinien durchzogen. Über die innere Erde ist alles miteinander verbunden. Das Kristallgitternetz unserer Erde, auch »Christusgitternetz« (Lichtgeist) genannt, im ätherischen kristallinweiß, und das »Mariengitternetz« (Liebesgeist), blau, ätherisch, plasmaartig, in den Quellen der Erde verankert, sind verbunden und durchdrungen von der Heiligen Geometrie und dem diamant brillanten Licht (gold-weiß) des Sonnenzeitalters.

Kristalle können sich in allen Ebenen und Dimensionen bilden. Sie können 7 (+1) Strukturen aufbauen: Kubus (Metatrons Würfel), Hexagon, trigonale Kristallformen, tetragonale Kristallformen, Rombus, Monolin, Triklin sowie reines Licht. Letzteres ist strukturlos, amorph, und kann jede Gestalt und Form annehmen. In der materiellen Form erinnert der Kristall uns an unseren Ursprung im Licht und unser inneres Wesen, feinstofflich, licht, rein, in allem enthalten und mit allem verbunden.

Alles Leben trägt kristalline Lichtstrukturen in sich – im Menschen zeigen sich diese im Lichtkörper. Der materielle Körper wiederum setzt sich aus Heiliger Geometrie zusammen. Wir durchlaufen in unserem Werden im Mutterleib die gesamte Schöpfungsgeschichte in der Heiligen Geometrie – vom Einzeller bis zum Menschen. Das Leben ist ewig, die Form wandelt sich zyklisch in den Kreisläufen des Lebens, vom Unsichtbaren in das Sichtbare und zurück in das Unsichtbare. Der Schlüssel des ewigen Lebens ist in uns – kristallines Licht – CHRIST ÜBER-ALL – Kristall.

Kristalle wurden zu allen Zeiten sehr verehrt und in allen Kulturen gehütet, da sie die höchste Form des Seins verkörpern und jede Schwingung erhöhen und verstärken können, weit in die feinstofflichen Bereiche hinein bis zur Urquelle. Sie können viele Formen annehmen. Kristalle speichern, bewahren, übertragen, leiten, erhöhen, erinnern, informieren. Sie hüten das universelle Licht der Einheit allen Seins vom feinstofflichen bis in die dichteste Form hinein.

Wir kommen aus dem Licht, gingen in die Form und kehren wieder in das Licht zurück. Alles ist miteinander verbunden und voneinander durchdrungen. Das Universum spiegelt sich in den Quellen, Meeren und Seen unserer Erde. Das größte Wunder ist, dass sich die gesamte nördliche Himmelssphäre maßstabsgetreu hier auf Erden in den alten Quellheiligtümern widerspiegelt. Wir können hier auf Erden in der Milchstraße wandern und in einer sternenklaren Nacht in bestimmten Sternenenergien baden. Wir haben die Einheit von Himmel und Erde vergessen, dennoch ist sie da.

Die Vesica Piscis, das Tor der Schöpfung, öffnete sich einst aus der Einheit der beiden polaren Kräfte, den unsichtbaren und sichtbar werdenden Welten, und die Kinder der Götter, die Sternensaat, wurden erschaffen. Die göttliche Matrix bestand aus zwei gegenläufigen Blumen des Lebens, die die Lebensströme aktivierten, magnetisch und elektrisch, und durch die Leben in die Form gebracht werden konnte. An den Überschneidungspunkten der Kreise entstanden Schöpfungsräume, männliche und weibliche Prinzipien, in denen sich Tore aus anderen Dimensionen öffneten und sich der Himmel, ja, das gesamte All, auf der Erde spiegeln konnte. Die Tore der Einheit verbanden sämtliche Ebenen und Dimensionen miteinander. So war der Himmel auf Erden, und das Licht konnte sich in der ersten Form erfahren und auch wieder zum Licht zurückkehren, in den ewigen Kreisläufen der Verkörperung. Die Sonne, die Kugel, die Blume des Lebens, die Merkaba, Metratrons Würfel und die Venusblume waren die heiligen Formen der ersten Stunde, die alles Leben durchziehen und verbinden – von den dichtesten Feldern bis ins Urlicht.

Die gesamte Heilige Geometrie stammt aus der 33. Dimension der Quellebene. Das gesamte Sonnensystem wurde zuerst mit einem feinstofflichen Gitternetz geschaffen, bevor es sich immer mehr materialisierte. Es war wie das feine Grundgerüst, das alle Ebenen, auch planetare Ebenen im Universum, miteinander verband. Das Inkarnationsprinzip ist universell und gilt nicht nur für den Menschen, sondern für ganze Welten. Alle lebendigen Wesen gehen durch die Zyklen der Verkörperung. Die Sonne, der Mond und der Saturn bildeten sich zuerst. Die Erde verkörperte sich in der schrittweisen Verdichtung durch die feinstofflichen Kristallgitternetze, die augenblicklich alles Licht informieren und formen konnten. Die Entwicklung geschah durch die himmlischen Hierarchien und wurde durch Metatron und Shekina, die Geister des Willens, angestoßen. Diese mächtigen Wesen hatten sich in früheren und anderen Sonnensystemen auf die Verkörperung unseres Sonnensystems vorbereitet.

Die folgenden sieben hermetischen Urgesetze durchziehen die gesamte Schöpfung

1. *Prinzip der Geistigkeit: Das All ist Geist, das Universum ist geistig.*
2. *Prinzip der Analogie: Wie oben, so unten. Wie im Himmel, so auf Erden. Wie innen, so außen. Wie im Geist, so in der Form. Mikrokosmos gleich Makrokosmos.*
3. *Prinzip der Bewegung: Nichts ruht. Alles ist in Bewegung. Alles schwingt.*
4. *Prinzip der Polarität: Alles ist zweifach. Alles ist polar. Alles hat einen Gegensatz. Die Gegensätze sind ihrer Natur nach identisch.*
5. *Prinzip des Rhythmus: Alles hat seinen Rhythmus.*
6. *Prinzip von Ursache und Wirkung: Jede Ursache hat ihre Wirkung.*
7. *Prinzip des Geschlechtes: Geschlecht ist in allem. Alles trägt männliche und weibliche Prinzipien in sich. Geschlecht offenbart sich auf ALLEN Ebenen.*

»Wenn du die die Geheimnisse dieses Universums erkunden willst, dann denke in Form von Energie, Frequenz und Schwingung.« (Nikola Tesla)

Die Formbauer sind Elohim in männlicher und weiblicher Form, die das kristallreine Licht in verschiedene Schwingungsräume brechen, um Sphären, Schwingung und Dimensionen zu erschaffen. Der blaue Strahl der Elohim ist der erste Strahl der Schöpfung. Kristallinblau mit goldkristallinem Licht ist die Blaupause des gesamten Universums und der göttlichen Matrix.

Unsere Erde ging vom einen Zustand in den anderen über, verdichtete und materialisierte sich immer mehr, um sich am Ende wieder zu erlösen. Alle Planeten, so, wie wir sie heute kennen, sind nur ein Rest eines alten Sonnensystems, da alle Systeme bereits geboren und wiedergeboren wurden. Die gesamte Entwicklung entstammt der Trinität. Die Dreifaltigkeit ist in allem in männlicher und weiblicher Form, in Form der Sternenmerkaba, durch die sich alles Leben bildet. Die männliche Trinität ist Vater – Sohn – Heiliger Geist. Die weibliche Trinität ist Mutter – Tochter – tätige Liebe. Alles entstammt dem Geist des unermesslichen Liebeslichts, das der Klebstoff der Schöpfung ist, der alles verbindet.

Die kosmischen Engel verbanden sich mit den Elementarreichen, mächtigen Wesen aus dem All, um diese erfahrbare Wirklichkeit und diese Erde zu erschaffen. So entstanden drei verschiedene Epochen der Elementarreiche, anschließend entstand das Mineralreich, das Pflanzenreich, das Tierreich und das Menschenreich.

Erdenzeit ist Traumzeit

Wir können nichts mitnehmen in andere Ebenen und Dimensionen, da wir schon das Himmelreich in uns tragen. Wir können Spuren des Lichts hinterlassen und Liebe leben. Unser Geist ist eine Einheit und verbunden mit allem, was lebt und atmet, auch mit allem, was nicht lebt oder atmet. Wir sind alle Besucher dieser Zeit, dieses Platzes. Wir sind auf der Durchreise. Unser Ziel ist es, zu lernen, zu wachsen, zu lieben, zu beobachten, dann kehren wir nach Hause zurück.
(Zitat der Aborigines)

Übungen

Traumzeit

Alles ist ein Traum. Wir erschaffen träumend.
Du musst träumen, um zu verstehen.
Wir erträumen alles, bevor es geschieht.

Kristalle führen uns in den Traumreichen. In der Nacht sind wir über unser träumendes Wesen mit viel höheren Ebenen und Dimensionen verbunden, tagsüber auch, jedoch konzentrieren wir uns meist auf das, was wir im Hier und Jetzt vorfinden.

Nimm dir Zeit, und meditiere über den Kristall. Schaue auf die Formen hinter der Form und weiter bis in die Urform. Notiere dir deine Erfahrungen.

Träume erinnern und verstärken

In Hawaii beginnt der Tag mit dem Abend, da man weiß, dass alles zuerst im Geist geschieht, bevor es sich manifestiert. Wenn wir bewusst und wach in den Schlaf gleiten, so können wir großartige Erkenntnisse erlangen, ungeahnte Lösungen finden,

Voraussagen treffen, unser Klarwissen schulen und in höhere Welten der Meister und Engel eintauchen. Wir können Botschaften von unseren lichtvollen Ahnen und von Seelen, die bereits auf der anderen Seite sind, erhalten und vieles mehr. Es gibt keine Grenzen in einem unbegrenzten Geist.

Reinige dich vor dem Einschlafen, und lasse deinen Tag Revue passieren, damit du die Erlebnisse nicht im Traum verarbeiten musst, sondern das Träumen nutzen kannst, um in neue Dimensionen und Ebenen der Wirklichkeit einzutauchen. In ein unbegrenztes freies Bewusstsein. Du kannst mit einer Frage, die dich im Herzen bewegt, einschlafen oder mit einem Anliegen.

Nimm einen klaren Kristall zur Hand. Schaue vor dem Einschlafen etwa 10 Minuten in den Kristall. Stelle dir vor, wie sich in diesem ein Auge öffnet (ein Symbol des erwachenden Bewusstseins auf der inneren Ebene). Halte die Vorstellung, bis du einschläfst. Meist schlafen wir erst einmal tief und fest, bevor wir mit einem Mal im Traum erwachen und den Traum wach, bewusst und ähnlich real wie die Wirklichkeit erleben. Wir erhalten klare Botschaften.

Der nächste Schritt ist dann, im Traum zu erwachen und ganz frei zu sein, alles neu, gut und glücklich zu gestalten. Damit erschaffen wir über die kristalline Energie eine neue Wirklichkeit.

Wenn du aufwachst, notiere deine Erlebnisse in einem Traumtagebuch. Du wirst sehen, dass sich vieles in der Nacht ankündigt, was sich dann am Tag auf die eine oder andere Weise zeigt. Alles geschieht zuerst im Geist, bevor es sich materialisiert.

Nimm dir auch am Tag Zeit, der geistigen Energie zu lauschen. Sei zuerst im Geist bei der Sache, dann kann es sich anschließend leicht entfalten und sich erledigen.

DAS ERDREICH

Unsere Erde besteht räumlich gesehen aus verschiedenen Erdschichten und zeitlich gesehen aus unterschiedlichen Epochen. Zusammen bilden sie die Zeitlinien in der Gleichzeitigkeit allen Lebens. In jeder Schicht ist ein Zeitalter der Erde gespeichert. Unzählige Wesen dienen dem Erdreich in all seinen Dimensionen und Schichten.

Übung: Zeitlinien bestimmen

Überlege dir, bevor du dich für einen Ort öffnest, mit welcher Zeitlinie du dich verbinden möchtest. Betrachte den heiligen Ort, den du betreten möchtest. An diesem Ort ist alles in das Licht, in den Stein und in den Boden geschrieben.

Zu verschiedenen Zeiten haben hier verschiedene Handlungen stattgefunden. Es gibt »goldene Zeitlinien« der Einheit und der vollkommenen Allverbindung. Es gibt Zeitlinien, in denen an diesem Ort Unheil geschehen ist. Es gibt Zeitlinien des Friedens und Zeitlinien des Krieges.

Verbinde dich bewusst an diesem Ort mit der goldenen Zeitlinie, indem du dich auf diese konzentrierst. Es kann etwas dauern, doch mit einem Mal spürst du Licht, Weite, Freiheit, Frieden, Einheit und eine immense Ausdehnung. Auf diese Weise kannst du dich mit den lichtvollen Ahnen verbinden, die an diesem Ort aus der Einheit heraus gewirkt haben. Dies hilft auch dem Ort, sich an seine Ursprünge zu erinnern und sie stärker werden zu lassen. Wenn du diese Zeitlinie betreten hast und wahrnimmst, bitte um Einlass, und lasse dich führen.

In vielen Legenden wird die Erde als Mutter, Gaia, und als weiblich bezeichnet, da sie Leben gibt und Leben zurücknimmt. In ihren inneren Strukturen ist sie jedoch weiblich, männlich und kindlich. Das zeigt sich auch in ihrer Geometrie: Kugel und Hexaeder. Die Kugel spiegelt das weibliche Prinzip der Erde, sie gilt auch als die Mutter der platonischen Körper, während das Element Erde dem männlichen Prinzip, dem Hexaeder, und damit Metatrons Würfel, als Vater der platonischen Körper zugeordnet ist. Sie enthalten alle anderen platonischen Körper in sich, gleichzeitig statisch und beweglich, ruhig und schnell, im Zentrum ruhend, sich mit Lichtgeschwindigkeit bewegend. Im Hexaeder sind Männlich und Weiblich sowie alle Elemente und alle Prinzipien des Universums enthalten. Wir finden es vom kleinsten bis in den größten Baustoff der Erde. Es verbindet alle Ebenen und Dimensionen in Harmonie und Gleichgewicht miteinander. Es gibt in allen Reichen männliche, weibliche und kindliche Strukturen. Versuche, sie auf der Erde zu erspüren. Es gibt weibliche Pflanzen und männliche Pflanzen, weibliche Tiere und männliche Tiere. Geschlecht spiegelt sich in allem. Geschlecht ist gegensätzlich und doch gleich.

Betrachte auch die Trinität der Sonne, der das männliche Prinzip zugeschrieben wird, und die gegenläufig zur Erde verstanden werden kann:

Sonne – außen männlich, innen weiblich und kindlich
Erde – außen weiblich, innen männlich und kindlich

Indem wir uns in allem widerspiegeln und wiederfinden, entsteht das Feld der Einheit. Wir müssen nichts mehr bekämpfen oder einen bestimmten Platz aufsuchen, da alles schon in uns ist und wir uns hier und jetzt mit allem im Innersten verbinden können, im Feld der Einheit.

Die meisten Menschen sehen die Erde als etwas Materielles, dabei ist Materie nichts als schwingendes dichtes Licht. Von der höchsten Ebene betrachtet gibt es nur Licht, das, je dichter es wird, Schatten wirft, stirbt, vergeht, sich wandelt und damit wieder dem Licht zugeführt wird. Der Erdenweg ist die Einweihung und das Erwachen in das ewige Licht, indem wir Tod, Leid, Schmerz und Krankheit überwinden. Dies geschieht in der Mitte, aus dem ewigen Lichtfunken in unserem Herzen heraus, durch Selbsterkenntnis und Selbstmeisterung. Alles ist möglich. Es gibt keine Grenzen. Aus übergeordneter Sicht ist der Tod eine Illusion. Eine Durchgangsstation vom irdischen in das ewige Leben. In vielen alten Kulturen war das Leben auf die Zeit im Jenseits ausgerichtet, dementsprechend wurden Handlungen und Taten im Diesseits wohl bedacht.

Die Erde spiegelt uns unseren momentanen Bewusstseinszustand – sowohl dem Einzelnen als auch der gesamten Menschheit. Zugleich ist sie auf anderen Ebenen immer paradiesisch, heil und ganz. Im ätherischen Reich um die Erde befinden sich große Lichtstätten im höchsten Licht. Wenn wir uns mit unserem freien Willen und unserem Liebesgeist auf sie ausrichten, können wir dies erkennen und uns erinnern.

Der menschliche Geist ist kreativ, er ist schöpferisches Bewusstsein. Die Erde spiegelt diese Bewusstseinszustände, d.h., auch wir spiegeln uns auf der Erde. Sie spiegelt das Wesen der Menschheit, das Wesen der verschiedenen Länder und ihrer Natur. Wir können das Licht und das Wissen höherer Sphären materialisieren und sichtbar machen, indem wir unsere feinstoffliche Energie konzentriert ausrichten und auf das lenken, was wir aus dem Licht in die Form bringen wollen. Der sichtbare Teil ist winzig im Vergleich zu den unsichtbaren Ebenen und Dimensionen.

Die Erde bietet als Schulungsstätte viele Herausforderungen und Möglichkeiten, an denen wir wachsen können, um unser wahres Potenzial zu verwirklichen. Das gilt auch für die Menschheit in der Gesamtheit. Wir können ganz neue Schritte gehen und damit den nächsten evolutionären Schritt in der Menschheitsentwicklung einleiten. Manche Wege auf der Erde sind Geschenke, manche Aufgaben. In beiden Fällen sind wir als Schöpfer einer neuen Wirklichkeit gefragt, zu wandeln, umzuwandeln, zu erlösen und neue Impulse zu setzen sowie Segen und Geschenke anzunehmen. Herausfordernde und segensvolle Situationen halten sich meist die Waage. Das Leben verläuft zyklisch und rhythmisch und nicht geradlinig.

Viele von uns kennen Sinnsprüche, die den Erdenweg beschreiben:

Taten zählen mehr als Worte.
Was wirkt, ist richtig. Wer heilt, hat recht.
Reden ist Silber, Schweigen ist Gold.

Die Naturwissenschaft hat im Laufe der letzten Jahrhunderte die materielle Wirklichkeit immer weiter erforscht. Bereits Philosophen und Wissenschaftler wie Descartes, Einstein, Newton und viele andere haben das Wesen der Natur und der Materie für uns in Form gebracht und formuliert und damit das Bewusstsein der Menschheit verändert. Doch sind wir noch nicht am Ende der Evolution angelangt, sondern gerade erst dabei, den nächsten Schritt der Evolution zu vollziehen, das wahre Potenzial und unser wahres Erbe zu erforschen und zu erwecken. Die Wissenschaft entdeckt immer mehr, was die Naturvölker schon lang wussten. Immer stärker hält die Spiritualität, der lebendige Geist der Schöpfung Einzug in die Wissenschaften. Altes Wissen wird auf neue Weise kommuniziert und angewandt. Der wichtigste Impuls ist, das Geschenk des Lebens, des Daseins, zu erkennen und den Lebenssinn, den du im Herzen spürst, zu verwirklichen.

Liebe, statt Liebe zu erwarten. EO, ich bin da. Wir sind hier. Wir sind jetzt das Licht in dieser Welt, und darin liegt ein großes Potenzial.

Um schöpferisch tätig zu sein, ist es wichtig, ganz auf der Erde anzukommen. Unser Körper ist ein Wunder, aufgebaut in der Heiligen Geometrie, verbunden mit allem Leben. Es gibt sehr verschiedene Wege, sich zu erden. Es hilft zum Beispiel, darüber nachzudenken, wie andere Lebensformen mit der Erde verbunden sind. Die bekannteste Erdungsübung ist, Wurzeln wachsen zu lassen. Mit dieser Übung konnte ich mich als Flugbegleiterin, die gern um die ganze Welt reiste, persönlich nicht anfreunden. Jedes Mal, wenn ich diese Übung in einer Meditation anwenden sollte, habe ich mir vorgestellt, wie meine Wurzeln durch die Luft flogen. Das gefiel mir nicht. Doch dann fand ich meinen eigenen Weg, indem ich mich über die Kristallgitternetze mit der Erde verband.

Die Erde ist Vielfalt, dementsprechend gibt es viele Wege, sich zu erden. Beobachte die verschiedenen Tiere. Wie sind sie mit der Erde verbunden? Vögel, Delfine, Pferde, Katzen?

Du kannst dich mit der Erde über die Gitternetze verbinden, so, wie es die Wale und Delfine tun. Du kannst dich über die Kristall-, Gold- und Silberadern verbinden oder aber über die Heilige Geometrie. Wähle die Art, die dir am leichtesten fällt.

Übung: Erden mit der Heiligen Geometrie

Lege deine Hände um deinen Bauchnabel. Atme ein paarmal in den Punkt hinter dem Bauchnabel ein, und komme in deinem Zentrum an. Über den Bauchnabel baut sich das Biofeld auf, über das Herzzentrum das Torusfeld. Bitte dein inneres Wesen, dein ätherisches Doppel, dein Zweites Gesicht, oder wie immer du deine feine Natur benennen möchtest, seine Hände in deine Hände zu legen. Baue eine gute Beziehung zu dir selbst auf. Spüre, wie die Liebe aus deinem Herzen über die Hände in dich hineinfließt. Stelle dir deutlich vor, wie alle Ebenen in dir harmonisch schwingen. Spüre dies intuitiv in dir. Erlaube dir, noch mehr du selbst zu sein. Einzigartig, wunderbar und großartig.

Segne alle Anteile in dir, die anders sind. Nimm dich vollständig an. Segne alle Anteile in dir, die nicht gesehen wurden und werden, und erlaube, dass sie wieder in der großen Liebe miteinander verschmelzen. Segne alle Anteile in dir, die verwundet wurden, und spüre, wie sie in die große Liebe zurückkehren und in dir Heilung finden. Segne alle Anteile in dir, die verstoßen oder abgelehnt wurden. Spüre in dich hinein, und fühle, was noch in dir gesehen und gesegnet werden und in die Liebe zurückkehren möchte, und dann segne diese Anteile. Segne alle Fähigkeiten in dir, alle Talente, all das Gute, all das, was sich noch durch dich zeigen möchte, mit einem großen JA zu dir selbst.

Ehre und achte dich, denn du bist eine Tochter, ein Sohn des Lichts und unermesslich geliebt. Du bist kein Kind des Zufalls, sondern genau richtig, JETZT.

Dann stelle dich in das Andreaskreuz: Beine auseinander, Arme diagonal nach oben.

Spüre deine Füße, deine Handflächen, deinen Scheitel. Atme zu allen Punkten gleichzeitig brillant diamantenes Licht ein, halte den Atem in deiner Bauchmitte, und dehne mit dem Ausatmen dein Biofeld in dir und um dich herum wie eine Kugel aus.

Atme fünfmal in dieser Weise. Lasse dann die Hände sinken, und spüre nach. Du dürftest jetzt fest in deinem Führungssystem verankert, vollständig bei dir und geerdet sein.

DAS MINERALREICH

Der Zwilling in uns, das Zweite Gesicht, das ätherische Doppel, ist mineralischer, feinstofflicher Natur. Er kann mit uns im Einklang wirken oder ein Doppelleben führen, da er ewig frei ist. Er kann uns in die vollständige Freiheit führen.

Das Mineralreich bildet die unterste Stufe der vier Naturreiche (Mineral-, Pflanzen-, Tier- und Menschenreich) und wird als kristallines Meer bezeichnet. Die meisten Mineralien, die Ursubstanzen allen Lebens, sind, wie sollte es anders sein, kristalline Strukturen. Die Exusiai, die tätigen Lichtwesen hinter diesen Formen, sind es, die aus dem Raumlosen räumliche Sphären und Dimensionen, Schwingungen und Vibrationen erschaffen und damit geistige Kräfte der Ewigkeit in die materielle Form hineinleiten.

Bisher sind auf der Erde etwa 4.000 Mineralarten bekannt. Aus dem Mineralreich ging der Leib der Erde, der Pflanzen, der Tiere und des Menschen hervor. Durch das Mineralreich wurde die Verkörperung, so, wie wir sie heute vorfinden, möglich. Es ist in seiner Ursubstanz warm, lichtvoll, beweglich, harmonisierend und ausgleichend. Das Ursprungslicht des Mineralreiches ist ein kindlich warmes, goldenes, weiß-kristallines Licht. Innen geborgen und warm, außen kühl und leitfähig. Weißgold ist die Farbe der Heiligen Hochzeit und der beiden großen Kräfte, aus denen das göttliche Kind hervorgeht. Es bildet in feinstofflicher lebendiger Form die Heiligen Geometrien und die Grundsubstanz unseres inneren Wesens. Darüber sind wir in der Lage, uns in allen Reichen und auf allen Ebenen zu bewegen. In einem Ozean der Heiligen Geometrie aus warmem, reinem Licht.

Zu den Mineralien zählen auch die kristallinen chemischen Elemente Schwefel, Gold und Kohlenstoff. Geistig-spirituell gesehen sind sie die Licht-, Farb- und Schwingungscodierungen eines Individuums. Unser Seelengewand ist aus feinen und edlen Stoffen gewebt, die ineinanderspielen. Sie weben die Form des Menschen, einzigartig und individuell.

Wenn wir sterben, kehren drei unserer feinen Leiber in die Lichtwelt zurück. Unsere Hülle, die der Evolutionslinie der Elementargeister angehört, wird der Erde zurückgegeben, außer wir erwachen vollständig mit all unseren Körpern im Licht wie zum Beispiel Babaji und andere Meister. Sie können sich an verschiedenen Orten gleichzeitig materialisieren und dematerialisieren. So gab es einige Meister und Meisterinnen, die den Materialisations- und Dematerialisationsprozess vollständig beherrschten und den physischen Leib in den Diamantkörper umwandeln konnten (Kohlenstoff in Diamant). Sie sind auf ewig in allen Ebenen und Dimensionen erwacht und führen ein Leben, das uns Menschen unbekannt ist. Sie können sich heute noch immer wieder materialisieren wie Saint Germain, Mutter Maria, Jesus Christus oder Apollonius von Tyana.

Meditation: Verbindung mit dem Mineralreich

Schaffe dir einen Raum, in dem du dich entspannen kannst. Nimm ein paar tiefe Atemzüge, und komme zur Ruhe. Lasse mit deinem Atem diamant-goldenes Licht durch dich, aus dir heraus ins Urlicht und wieder durch dich zurück fließen. Atme auf diese Weise immer weiter, sodass deine Energie sich mit jedem Atemzug anhebt und immer heller und schneller schwingt. Immer mehr in der Einheit des Lichts.

Bitte deine geistige Führung, zu erscheinen, dich anzuleiten und zu begleiten in die Ebenen und Sphären des Mineralreichs.

Aus deinem Zentrum heraus bildet sich ein Weg. Zusammen mit deiner geistigen Führung folgst du diesem Weg. Er führt zu einem Tor und von dort aus in die innere Erde. Das Tor öffnet sich. Ihr geht immer tiefer in die Erde hinein.

Du kommst an einen wunderschönen Ort mit Quellen und Seen an. Mal siehst du heiß dampfende Schwefelbäder, mal ruhige warme Becken. Warte, bis du die Hüterin, den Hüter oder beide wahrnimmst. Bitte diese wundervollen Lichtwesen um Einlass und um Unterstützung. Vielleicht nimmst du ihr hell strahlendes Licht wahr, ihre Wesenheiten, ihr lebendiges Wesen. Folge ihren Anweisungen.

Du darfst nun in die Quellen steigen, so, wie Gott dich schuf. Spüre, wie deine Körper die Mineralien auf allen Ebenen über die Lichtatmung in sich aufnehmen. Wie sie sich vollkommen ausbalancieren und dir alles zugeführt wird, was du brauchst.

Vielleicht erkennst du die Wesen der verschiedenen Elemente als Lichtfunken, Formen oder Klänge. Vielleicht kommen dir plötzlich Mineralstoffe wie Selen, Magnesium, Natrium, Calcium,

Chlor, Phosphor, Schwefel, Eisen, Jod, Kupfer, Mangan, Zink, Chrom, Kobalt, Fluor, Silizium, Bor, Brom, Nickel, Zinn und andere in den Sinn. Vielleicht werden einige Mineralien ausgeleitet, andere hinzugefügt und wieder andere ausgeglichen, sodass du immer mehr in die Einheit kommst und alles in dir vollständig ausbalanciert wird.

Wenn du ganz aufgeladen bist, frage, was du noch tun kannst. Telepathisch werden dir Botschaften, Symbole oder Lichtimpulse gesendet. Bedanke dich, segne diesen Ort mithilfe deines Begleiters, und bewegt euch auf den Pfad zurück in das Zentrum, aus dem ihr gekommen seid.

Notiere deine Erfahrungen. Wenn du einen Hinweis erhalten hast, so gehe diesem nach.

TIPP

Nutze Schüßler-Salze. Sie enthalten viele wertvolle Mineralstoffe.

DAS STEINREICH

Wächter und Hüter
Akasha – Wissensspeicher unserer Ahnen

Steine sind die Knochen der Erde, die Wächter und die Hüter unserer lichtvollen Ahnen, die Speicher und Bewahrer uralten Wissens. Sie halten Energie, um uns zu erinnern, so lange, bis wir ganz erwacht sind. Von den größten Bergen dieser Erde bis zu den kleinsten Steinen und Hügeln, von den Steinkreisen bis in die Tempelstätten alter Zeiten, wird durch sie alles bewahrt und behütet, bis die Zeit des Erwachens gekommen ist.

Steine speichern, bewahren, reinigen, hüten und halten die Weisheit des universellen Geistes. Sie bewahren die universelle Heilige Geometrie und die feinstofflichen Lichtverbindungen. Viele Berge, Höhlen und Tempel auf der Erde – sowohl überirdisch als auch innerirdisch – sind Sitz von Gottheiten und große Einweihungs- und Schulungsstätten. Viele alte Steinkreise und Steinformationen sowie Kraftplätze mit besonderen Felsen und Steinen erinnern uns an unsere wahre Herkunft. Sie weisen in das Universum, auf die Sternbilder am Himmel und sind universell ausgerichtet. Sie verbinden in der Heiligen Geometrie die universelle kosmische Energie mit den Elementarreichen.

Viele Steinformationen sind in Kreisen oder in bestimmten Geometrien angelegt, die wiederum mit anderen Ebenen und Dimensionen über die Heilige Geometrie verbunden sind. Alte Stätten wie die Pyramiden oder Tempel, die uns bis heute Rätsel aufgeben, sind aus Stein gebaut. Steine helfen uns, uns zu erinnern und uns auszurichten. Als die Lichtsäulen zwischen Himmel und Erde, die wir sind. Sie helfen uns, ganz wir selbst zu sein und uns gleichzeitig in einem neuen Wir auszurichten, um etwas Größeres und Ganzheitlicheres, noch nie Dagewesenes zu erschaffen.

Impuls

Es gibt sehr verschiedene Steinformationen rund um den Erdball. Welche Kraftplätze und Steinstätten berühren deine Seele? Welche Berge, Stätten alter Kulturen und Steinplätze haben für dich Bedeutung? Welche Erinnerung wecken sie in dir?

DAS EDELSTEINREICH

Veredelung der Tugenden Gottes.

Edelsteine sind Mineralien, die sich durch ihre Schönheit, ihren Glanz, ihre Reinheit, ihre Seltenheit, ihre Ausstrahlung und ihre Härte von anderen Mineralien abheben. Sie sind verdichtete Lichter und dienen dem Menschen auf ihrem Weg der Veredelung der Tugenden Gottes. In ihnen haben sich göttliche Kräfte, hohe Reiche und andere Dimensionen materialisiert. Sie erinnern uns an den Glanz, die Reinheit und die Schönheit der Reiche, aus denen wir stammen.

Das Reich der »edlen Steine« ist ein besonderes Reich. Es erinnert uns an unsere göttliche Herkunft, an den Königsweg auf Erden, an die Meisterschaft und die Tugenden der Liebe, die wir hier auf Erden verkörpern und durch unser Wirken verankern.

Edelsteine zieren die Schmuckstücke von Kaisern, Königen und höhergestellten Persönlichkeiten. Betrachten wir das innere Wesen der Edelsteine, so finden wir in ihnen hohe Dimensionen und Ebenen des Universums, ja, ganze Universen spiegeln sich in ihnen. Sie verkörpern Schwingungsräume und Ebenen, in denen wir uns ausrichten können. Sie helfen uns, uns zu erinnern und Heilung zu finden, unseren Auftrag zu erfüllen und unser Energiefeld stabil im Licht zu halten. Viele Edelsteine erhalten erst durch den Schliff ihre höchste Form. So ist es auch unser Weg, uns zu »schleifen«, zu schulen und in den geistigen schöpferischen Kräften zu üben, die wir in uns tragen.

Ihre Farbe und Leuchtkraft erhalten die Edelsteine durch besondere, heilige geometrische Verbindungen, die auf höhere und komplexere Ebenen der Dimensionen des Seins hinweisen. Durch sie können wir verschiedene Schwingungsräume und Ebenen in uns öffnen. Edelsteine wachsen in kristallinen Strukturen, Rubine zum Beispiel in der Form des Dodekaeders, der heiligsten Form der platonischen Körper, die mit dem göttlichen Atom in unserer Herzkammer einhergeht.

Viele Meister waren und sind in der Lage, Edelsteine zu materialisieren, um an den Weg des Menschen und die Meisterschaft zu erinnern. Jeder Meister und jede Meisterin, der oder die den Erdenweg erfolgreich beendet hat, hat eine Lichtschwingung hier auf Erden hinterlassen. So werden Edelsteine und ihre Farben mit den Aufgestiegenen Meistern und Meisterinnen, mit den Göttern und Göttinnen und den höchsten Formen des Lichts in Verbindung gebracht. Jeder Edelstein entfaltet eine besondere Heilwirkung und Schwingung und verleiht seinem Träger zum Beispiel Würde, Schutz, Stärke, Mut, Mitgefühl, die Kraft der Wandlung oder Heilung.

Übung: Mit Edelsteinen veredeln

Wähle einen Edelstein, den du magst. Betrachte ihn, seine Form, Farbe, Ausstrahlung und Geometrie. Lege ihn in deine Hand. Verbinde dich in deiner Vorstellung mit seinem Geist.

Wenn er ein Wesen wäre, wie würde es aussehen? Wie wäre seine Ausstrahlung, sein Licht, seine Qualität? Wie wäre sein Energiefluss, seine Bewegung, seine Schwingung? An welcher Stelle deines Körpers kannst du diese Energie am deutlichsten wahrnehmen? Stelle dir vor, du nimmst das Licht, die Farbe und die Qualität in dich auf. Wie würde sich dein Wesen verändern (würdevoller, aufrechter, heller, …)?

TIPP

Wir können Edelsteine bei uns tragen, sie bei Heilarbeiten für die Erde verwenden, sie in Wasser legen und dadurch als Essenz zu uns nehmen. Es gibt viele Wege, mit den Edelsteinen zu wirken.

DAS METALLREICH

Aufstieg und Untergang – Rückkehr in die Einheit – Erlösung, Entwicklung, Evolution

Die Metalle strahlen aus dem Weltenraum auf unsere Erde.
Sie durchwirken das Leben im göttlichen Glanz,
sie richten auf, sie richten aus.
Das Lichterbe wartet in uns,
um in neuen Dimensionen zu erwachen,
im Einklang von Technik, Natur und Mensch,
im Allraum der Einheit, im Weltengesang.

Metalle umfassen rund 80 Prozent der chemischen Elemente. Sie gehören in ihrer Grundschwingung in die Welt der Mineralien, spielen hier aber eine besondere Rolle. Man unterteilt sie in Leicht- und Schwermetalle, edle und unedle Metalle. Des Weiteren wird der Begriff auch für Legierungen verwendet. In der Alchemie verwendet man die Metapher »Blei in Gold verwandeln«. Diese Metapher steht für den Weg des Menschen in die eigene Göttlichkeit.

Metall steht symbolisch für Wertbeständigkeit, Stabilität und konsequentes Handeln, für Fülle und Wohlstand, für grundlegende Werte, Struktur, Einstellungen, Talente und Fähigkeiten sowie für Härte, Unbarmherzigkeit, Fesseln und Einschränkungen.

Die Wesen der Metalle vereinten einst in ihrer reinsten Form Himmel und Erde in sich und erhoben das menschliche Werden in die Göttlichkeit, sodass der Glanz, die Herrlichkeit und die Liebeskraft des Himmels sich auf der Erde spiegeln konnten. Beim Fall aus der Einheit, auch als »Fall Luzifers« bekannt, war es das Metallreich, das zu Himmel und Hölle wurde. Der Lichtgeist begann, die Liebeskraft zu verleugnen, und erhob sich über die Liebe. Die schöpferische Macht des Lichts wurde missbraucht. Aus Metall wurden Rüstungen, Schwerter, Kriegswaffen, Folterinstrumente und mehr geschmiedet, die gegen das universelle Gesetz der Liebe »Du sollst nicht töten« verstießen. In der alten Hochkultur Atlantis wurde mit Technologien experimentiert, die zu dessen Untergang führten. Die Wesen der Metalle wurden geknechtet, geschlagen, gequält, verdichtet und in die tiefe Dunkelheit geführt. Im Reich des Metalls wurde der Himmel auf Erden zu Himmel und Hölle und der Weg des Menschen ein Weg durch die Unterwelt, durch Unwahrheit, Lüge, Ohnmacht und Angst. Wir vergaßen, wer wir sind und woher wir kommen.

So sind es die Metallreiche, die wir auf unserem Weg in eine neue Zeit erlösen dürfen. In ihrem ursprünglichen Wesen waren die Metalle hohe, strahlende, warme, glanzvolle Lichter der höchsten Liebesschwingung und Lichtebenen unserer Schöpfung und unseres Universums. Sie durchdrangen alles Leben und erschufen den Himmel auf Erden gemäß dem göttlichen Plan. Die Wesen der Metalle kamen in feinstofflicher, lichter Form aus der Quelle, aus dem Licht hinter dem Licht, der Urquelle allen Lebens, wurden nach und nach flüssig und kristallin und formten sich in der höchsten und heiligsten Geometrie der universellen Einheit zu Materie. Metallwesen stammen aus den höchsten Engelreichen und können das Urlicht in reinster Form widerspiegeln. Durch sie konnte sich das Paradies in göttlichem Glanz auf Erden spiegeln, der Mensch sich aufrichten, individuelles Bewusstsein im unermesslichen Feld des Bewusstseins entwickeln und bewusst wirken und handeln.

Wenn wir auf die Ur- und Naturvölker blicken, erkennen wir, dass die Metalle ursprünglich eine andere und tiefere Bedeutung hatten. Sie wurden von den Weisen und Wissenden geformt, um Wesen aus anderen Reichen des Universums auf Erden, im irdischen Paradies, ein Zuhause zu geben. Die kosmischen Kräfte wurden durch die Metalle, besonders durch das Gold, auf Erden verankert, damit sie sich hier etablieren und entfalten konnten. So wurden neue Pflanzenarten, Tierarten, wundervolle Landschaften im Einklang mit den höchsten Kräften im Universum erschaffen und in der Materie verankert. Die Metalle dienten dem Licht, um alles in noch größerer Vielfalt, Harmonie und Schönheit zu formen und zu gestalten. Die Metallreiche hatten die Aufgabe, Lichtfelder und Lichtkörper zu stabilisieren und somit maximale universelle und grenzenlose Freiheit in der Einheit zu erzeugen, Tore in die Ewigkeit.

Aus spiritueller Sicht ist es wichtig, sich mit den Metallreichen und auch mit den neuen Technologien zu befassen, ihr Ausmaß zu begreifen und sie in unseren alten Speichern, in Gemeinschaften und in größeren Gruppen, zu erlösen, damit wir einen ganz neuen Schritt in der Evolution gehen können. In den Metallwelten ist alles Karma gespeichert, es wird hier gehütet und mit den Kreisläufen des Lebens in die Lebensströme zurückgeführt und im Leben selbst gespiegelt, damit es Erlösung erfahren kann. Wir haben Lasten so schwer wie Blei aus anderen Inkarnationen mitgebracht, die wir durch Selbsterkenntnis, Vergebung und Liebe erlösen und wandeln können, um somit das Gold in uns in reinster Form freizulegen.

Keine Begegnung, kein Ereignis im Leben – noch nicht einmal die Wahl unserer Familie – geschieht rein zufällig. Es sind größere Gesetzmäßigkeiten und übergeordnete Verläufe und Seelenabsprachen am Wirken, die wir hier aus unserer begrenzten Perspektive heraus weder begreifen noch interpretieren können. Es kommt nicht darauf an, in welche Situation wir geraten, es kommt darauf an, wie wir mit ihr umgehen und dass wir über uns hinauswachsen und mit unseren schöpferischen Kräften wirken. Die Frage ist: Verstricken wir uns tiefer, gleichen wir aus oder erlösen wir? Erkennen wir das Thema nicht, erleben wir bestimmte Situationen in diesem sowie in weiteren Leben immer und immer wieder, bis wir es in uns geklärt und erlöst haben.

Über die Metallwelten können wir von unserem gegenwärtigen Erdenleben in frühere Erdenleben zurückschauen. Metalle leiten, speichern, führen, lenken und verbinden uns mit ganz anderen Dimensionen und Ebenen, mit den Ebenen des Sonnensystems, unserer Geburtsstunde und dem Plan, nach dem wir angetreten sind. Das menschliche Wesen wird durch die Wesen der Metalle beseelt, mit verschiedenen kosmischen und archetypischen Kräften ausgestattet. Uns wurde alles mitgegeben, um jede Aufgabe meisterlich zur Lösung führen zu können.

Das universelle Gesetz, um frei zu bleiben, lautet:

Verletze nie, hilf immer.
Liebe ist der Weg nach Hause.

Die Metallwelten stammen aus der Evolutionslinie der Engel. Betrachten wir das ätherische geistige Prinzip und die lebendigen Wesen der Metalle, so führt uns dies zwangsläufig in die höheren Engelreiche und Ebenen bis in die Schöpferebenen, die der Urgrund und die Herkunft der Metalle und Metallwesen sind. Wer sich mit den Engelwelten beschäftigt, weiß, dass vieles in der Geschichte abgeändert wurde, dass viele Engel in die Hölle verbannt wurden, dass die weiblichen Engel gänzlich verschwanden und viele Geschichten nicht gemäß ihres Ursprungs überliefert wurden. Die Wahrheit wurde bestraft, Lug und Trug belohnt. So gibt es eine Geschichte »vor dem Fall« und »nach dem Fall« und »der Vertreibung aus dem Paradies«. Wir können im Herzen in das Paradies zurückkehren. Der Schlüssel zu unserem Heim im Kosmos befindet sich direkt im Zentrum unseres Herzens. Erinnern wir uns, treten wir ein in die Schwingung des Paradieses, beginnen wir, wieder den Himmel auf Erden zu spiegeln, dadurch kann sich alles wandeln. Jeder Mensch kann hier und jetzt die himmlischen Qualitäten wie Frieden, Vertrauen, ewige Liebe und Mitgefühl erfahren und leben. Frieden beginnt in uns selbst, ebenso wie Erlösung in uns selbst beginnt!

Die großen Meister und Meisterinnen verstanden es vortrefflich, die lebendige Kraft der Metalle zu zügeln, auszubalancieren und im höchsten Licht auszurichten, sodass die Energie durch alle Ebenen und Dimensionen in der Heiligen Geometrie fließen und strömen konnte. Es gibt zum Beispiel Metallarmbänder, die uns helfen, diese mächtigen Kräfte in uns auszubalancieren.

Die sieben Hauptmetalle

Gold – Sonne
Silber – Mond
Kupfer – Venus
Eisen – Mars
Quecksilber – Merkur
Zinn – Jupiter
Blei – Saturn
Platin/Uran – Uranus
Neptunium – Neptun
Plutonium – Pluto
Antimon – Erde

Jedes metallische Element trägt besondere Flammenkräfte in sich, die den Menschen in der Selbstentwicklung und Selbsterkenntnis wirksam unterstützen!

Die Metalle repräsentieren sowohl Stoffliches als auch Geistiges. Viele seelische und energetische Grundmuster des Menschen sind aus dem lebendigen feinstofflichen Einfluss der planetarischen Urprinzipien entstanden. Sie müssen ausgeglichen werden, damit wir unser spirituelles Licht entwickeln und das widerspiegeln können, was wir wirklich sind. Metalle sind unsere Lehrer. Sie repräsentieren die Kardinaltugenden, aber auch die sieben Todsünden. Harmonie wirkt dort, wo die Metalle sich im rechten Maß aufeinander abstimmen und sich gegenseitig im Zaum halten. Sie sind der Weg empor und der Weg zurück in das höchste Licht. In den alten Mysterienschulen musste man die Kräfte der Metalle meistern, lernen, sie umzuwandeln, sie im Licht auszurichten und sie im rechten Maß aufeinander abzustimmen, damit sich das höchste Licht der Einheit in allem Wirken widerspiegeln konnte.

Gold – Sonne/Helios

Sonntag – Herz – Metatron/Shekina – Schöpferkraft

Widersacher: Luzifer – das eigene Licht über das göttliche Licht stellen

Ein Herz aus Gold

Höchste Form: Erwachen, Erleuchtung, Offenbarung, Sanftmut, Edelmut, Güte, Bescheidenheit, Demut, Frieden, Nächstenliebe, Allverbundenheit, Herzlichkeit, Selbstbewusstsein, Nächstenliebe, göttliche Liebe
Niedrigste Form: Größenwahn, Hochmut, Eitelkeit, Übermut, Machtmissbrauch, Überheblichkeit, Besserwisserei, Narzissmus, Prunksucht, Prahlerei, Blendwerk
Körperlich: Herz, Herz-Kreislauf-System

Gold erinnert! Gold ist unteilbar! Gold ist die Einheit des Lichts!

Gold im Allgemeinen

Gold ist das edelste aller Metalle. In unserer materiellen Welt wurde Gold zu einem Prunkmetall degradiert, dabei ist es so viel mehr. Gold ist das chemische Element mit dem Elementsymbol Au und der Ordnungszahl 79. Es gibt 33 Gold-Minerale (33 ist die Christuszahl). Es kann in oktaedrischen Goldkristallen wachsen und erinnert uns an Gottes Geist in allem. Es kann sich in alle platonischen Körpern kristallisieren und ist Metatrons Würfel zugeordnet, da es alle Kräfte der Schöpfung in sich trägt. Gold gehört in den ersten Schöpfungszyklus, in dem Gott die Welt erschuf, und in das Sonnenzeitalter. Gold wurde früher nur für zeremonielle und rituelle Zwecke verwendet, die das Licht in der Form widerspiegelten, alles in der Einheit verbanden und die Energie in allem erhöhten. Später wurde Gold in Schmuck und weiter als Währung genutzt. Es ist ein Symbol für Macht, Status und Prunk geworden und damit seiner wahren Qualität beraubt.

Gold im Spirituellen

Gold ist die tiefe spirituelle Natur unseres wahren Lichtwesens, die wir größtenteils vergessen haben. Der Verlust des spirituellen Wesens hat uns äußerlich wie innerlich in eine Scheinwelt geführt. Gold verbindet die Dreieinheit Geist – Seele – Mensch. Die Dreieinheit ist das Dreieck der ersten Schöpfung. Es ist die positive Feuerkraft und die negative Wasserkraft, die in der Einheit das Atom des göttlichen Menschen bildet (Merkaba), flüssiges, fließendes, segnendes, sich verströmendes Liebeslicht. Seele und Geist können in der Einheit eine heilige Natur hervorbringen. Ein beseelter Mensch betrachtet die Schöpfung, in der alles in Hülle und Fülle vorhanden ist. Ein Mensch hingegen, der die Verbindung zu seiner Seele verloren hat, bringt eine leblose Natur hervor. Gold verbindet uns mit den verborgenen, geistigen Gesetzen von Gott, Mensch und Natur. Konzentration, Meditation und Transzendenz führen in die Schwingung der wahren Natur, in der die Einheit zwischen Schöpfer und Geschöpf hergestellt wird. Gold spiegelt den Himmel auf Erden wider. Es erinnert uns an das pure Licht im Zentrum unseres Herzens, an die Einheit des Lichts und unsere Schöpfer- und Wandlungskraft, an die edlen Tugenden und den Segen des Lebens, an die Mitte im Zentrum unseres Herzens und die Sonnen- und Strahlkraft aus unserem unsterblichen ewigen Zentrum. Im Gold kann sich das höhere, edle Wesen offenbaren. Ein edler Mensch, der sich in Demut und Hingabe dem Göttlichen zuwendet und dem Licht dient, kann alle verborgenen Geheimnisse der wahren Natur lesen, auf beste Weise lenken und in ihrem Licht aufsteigen. Aus dem Herzen Gottes werden wir direkt und unmittelbar geleitet. Es gibt keine Methoden und keine Lehren darüber. Heiligkeit kommt von innen, niemals von außen. Heiligkeit ist die Alleinheit von Gott, Seele und Geist.

Silber – Mond/Luna und Selene

Montag – Gefühl – Erzengel Gabriel/Lady Hope – Empfängnis

Widersacher: Leviathan – Neid und Eifersucht

Wer in einem silbernen Bett schläft, hat goldene Träume.

Höchste Form: Beseelung, erhöhte Wahrnehmung, Empfänglichkeit, Balance, Hellsichtigkeit, holistische Sicht, Flow, Intuition, sich dem Verborgenen öffnen, in die Tiefen blicken, Ruhe, Kühle, Rhythmus, Zyklen, Visionen, Energiefluss
Niedrigste Form: Neid, Missgunst, Eifersucht, Phobien, Scheinwelt, Depression
Körperliche Ebene: Keimdrüsen, Nervensystem, Gehirn, Haut, Schleimhaut, Feuchtigkeit im Körper

Silber reflektiert, spiegelt verborgene Aktivitäten und balanciert die Kräfte.

Silber im Allgemeinen
Silber ist das chemische Element mit dem Elementsymbol Ag und der Ordnungszahl 47. Es hat die höchste elektrische Leitfähigkeit aller Elemente sowie die höchste thermische Leitfähigkeit aller Metalle. Es wächst in strauchartigen Kristallstrukturen, ähnlich der Wasseradern oder Baumwurzelwerke. Weiter wird es in der Erdkruste in Form kleiner Kügelchen, Körner oder Nuggets gefunden. Es steht mit dem Wasserelement in Verbindung und kann sich wie das Ikosaeder mit allem verbinden. Es hat eine eher fein fließende, reflektierende Eigenschaft und steht in Verbindung mit Licht und Dunkelheit, so wie der Mond, der in der Dunkelheit scheint und das Sonnenlicht reflektiert.

Silber im Spirituellen

Silber spiegelt und verstärkt unser intuitives Wesen. Es hilft uns, uns zu reinigen, Energien in den Fluss zu bringen, wieder zu uns selbst zu kommen, uns neu auszurichten und ganz neue Schritte unabhängig von den äußeren Umständen aus der eigenen Anbindung heraus zu gehen und die Welt als Spiegel zu betrachten. Es hilft uns, in unserer Innenwelt zu wandeln und damit neue Erfahrungen zu schaffen und zu einem umfassenderen Verständnis zu gelangen. Silber verstärkt auch das Traumerleben. Es reflektiert die verborgenen Aktivitäten, sodass wir sie erkennen, lösen und neu »programmieren« können. Es hilft uns beim Prozess der Wandlung und der Selbsterkenntnis. Die Seele ist das Gefäß, das das Licht empfängt und reflektiert und die Resultate der inneren Erkenntnisprozesse dem Tag offenbart. Silber hat die Eigenschaft, Bilder zu empfangen und zu lesen. Es kann in Vergangenheit, Gegenwart und Zukunft blicken und aus dem zeitlosen Allraum schöpfen.

Kupfer – Venus/Aphrodite

Freitag – Magnetismus – Elohim Orion und Angelika

Widersacher: Asmodeus – Ausschweifungen und Wollust

Kupfer verstärkt die magnetische Liebeskraft des Universums.

Höchste Form: reine Liebeskraft, Schönheit, Balance, Verbindung, Hingabe, Sinnlichkeit, seelische Wärme, Öffnung, Leitfähigkeit, Verbindung

Niedrigste Form: Wollust, Ausschweifungen, Genusssucht, Begehren, Verleitung, Verführung, Abhängigkeit, Hörigkeit, Narzissmus, seelische Kälte, Apathie
Körperliche Ebene: Nieren, venöses Gefäßsystem, Schilddrüse, Blutdruckregulation

Kupfer verbindet, macht empfänglich und fruchtbar.

Kupfer im Allgemeinen

In der Geschichte wurde Kupfer auf vielerlei Weise und in vielen Gebieten angewandt und verarbeitet, zum Beispiel in der Medizin, in der Alchemie, in der Technik und in der Schönheitspflege. Das ist bis heute so. Berühmte Schönheiten der Antike wie Kleopatra, Nofretete oder die Königin von Saba verwendeten Salben und Pasten aus Kupfer sowie Kupferwasser für ewige Jugend, Schönheit und Harmonie. Kupfer ist das chemische Element mit dem Elementsymbol Cu und der Ordnungszahl 29. Es ist ein weiches Metall, das zu den Halbedelmetallen zählt. Es ist gut formbar und dennoch zäh. Zudem ist es ein hervorragender Wärme- und Stromleiter und findet in diesem Bereich vielseitig Verwendung. In der Natur bildet sich Kupfer in würfeligen Kupferkristallen, basaltischen, ovalen Laven, in Form von »kupferroten« glänzenden Nuggets oder verzweigten Strukturen. Kupfertherapien wurden und werden noch heute vielfältig angewandt, um Verbindungen zu harmonisieren und den Energiefluss auf allen Ebenen wiederherzustellen, Heilungsprozesse zu unterstützen, Gifte auszuleiten, die Herzenskraft und den Energiefluss zu stärken und ins Vertrauen mit dem unermesslichen Liebesstrom der Schöpfung zu kommen.

Kupfer im Spirituellen

Kupfer ist die Schwingung der Venus und enthält die göttliche Energie der Liebe. Es harmonisiert unser Energiesystem und bringt es in Einklang mit der fünften Herzkammer, dem göttlichen Atom in uns. Kupfer hat verbindende, leitende und magnetische

Eigenschaften. Es verbindet uns mit der Seelenkraft und mit unserer Mitte, aus der heraus Heilung geschieht. Es hilft uns, uns auszubalancieren in den Kräften des Lebens, die Schönheit und die Vollkommenheit in allem Leben zu erkennen, die Leitfähigkeit, die Anziehungskraft und den Durchfluss anzuregen und uns in der Liebe auszurichten. Kupfer stellt Verbindungen her. Liebe ist Verbindung und Verbundenheit. Es stärkt unsere Leitungen und Antennen für die universelle Liebe und für das Liebesempfinden. Es spielt eine wichtige Rolle für den Informationszufluss zwischen den Nervenzellen und Nervenbahnen, es beschleunigt die Verbindung und Verschmelzung. Durch seine starke Anziehungskraft spielt es bei der Materialisation eine große Rolle. Liebe zieht an.

Eisen – Mars/Ares

Dienstag – Tat/Mut/Umsetzungskraft – Erzengel Uriel

Widersacher: Satan – Jähzorn, Hass

eiserne Disziplin
ein Eisen im Feuer haben
Eisen ist die Gabe der Willenskraft.

Höchste Form: Mut, Gleichmut, Geduld, Tatkraft, Umsetzungskraft, Aktivität, Beständigkeit, Klarheit, Willensstärke, Ausdauer, Wandlungskraft
Niedrigste Form: Zorn, Jähzorn, Aggressivität, Wut, Krieg, Zerstörung, Rache, Härte, Kälte, Erbarmungslosigkeit, Rücksichtslosigkeit, Unbeugsamkeit, Starrheit, Heftigkeit, Willensschwäche, Antriebslosigkeit, Tobsucht, Ohnmacht, Mutlosigkeit
Körperliche Ebene: Galle, Leber, Kehlkopf, Blut, Nervensystem, Entzündungen

Eisen begünstigt und stärkt die Willenskraft, das Durchsetzungsvermögen und die Ausdauer.

Eisen im Allgemeinen

Dem Element Eisen begegnen wir auf vielen Ebenen. Es gehört zu den Übergangsmetallen, hat das chemische Symbol Fe und ist in fast allen Lebewesen ein wichtiges Spurenelement. Es beeinflusst u. a. die Photosynthese der Pflanzen sowie die Blutbildung, den Sauerstofftransport und -speicher bei Tieren und Menschen. Eisen ist das vierthäufigste Element in der Erdkruste. Es kristallisiert sich in kubischen Kristallsystemen (Metatrons Würfel). Eisen wird zu Stahl. Gusseisen kann plastisch nicht verformt werden, während Stahl formbar ist. Aus Eisen wurden Werkzeuge, Waffen, Messer, Schwerter, Foltergeräte, Rüstungen und vieles mehr hergestellt. Heute finden wir es in allen großen Elektrogeräten, Waffen, im Militär, in Zäunen, Toren, als Stahl-, Guss- oder Schmiedeeisen.

Eisen im Spirituellen

Eisen hilft, tätig zu werden, mutig zu sein, den Lebensstrom anzuregen, Energie zu produzieren, zu wandeln und zu handeln, um die göttliche Entwicklung im Menschen und den Selbstausdruck zu stärken. Es hilft uns, mehr Licht aufzunehmen, unser Feuer zu entfachen und mutig unseren Weg hier auf Erden aus dem Herzen zu gehen. Es repräsentiert Durchsetzungskraft und Disziplin beim Umsetzen unserer Ziele. Eisen schafft in der höchsten Form eine dauerhafte Ausrichtung in unserer göttlichen Natur und hilft uns, stabil und beständig unseren uns vorbestimmten Weg zu gehen und eisern zu bleiben bezüglich der Herausforderungen des Lebens. Es hilft, bei der eigenen Wahrheit zu bleiben, nicht aufzugeben, Widerstände zu überwinden und Hindernisse zu meistern. Es stärkt die Willenskraft. Wenn wir unseren Willen mit dem göttlichen Willen abgleichen, der Liebe ist, dann können wir durch das Eisen Blei in Gold wandeln und tun, wofür wir gesandt sind.

Quecksilber – Merkur/Hermes der Götterbote

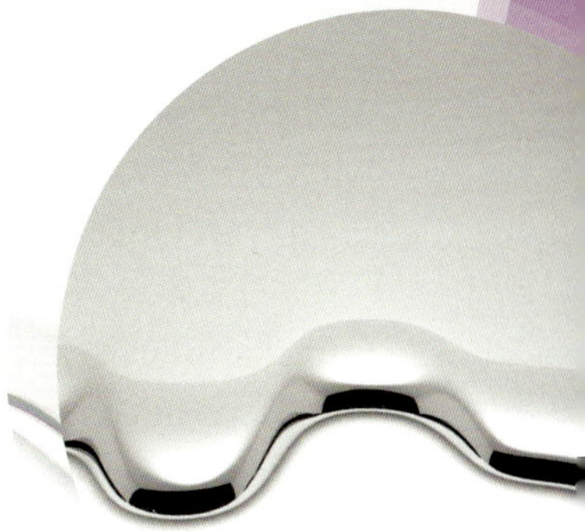

Mittwoch – Kommunikation – Bne-Elohim Raphael

Widersacher: Belphegor – Faulheit, Trägheit

»Das Menschenherz ist wie Quecksilber, jetzt da, bald anderswo, heute so, morgen anders gesinnt.« (Martin Luther)

Höchste Form: Heilung, Balance, Beweglichkeit, Flexibilität, Vitalität, Toleranz, rasche Auffassungsgabe
Niedrigste Form: tödliches Gift, toxische Formen, Sprunghaftigkeit, Trägheit, Abstumpfung, Phlegmatismus, Pessimismus, Trägheit, Faulheit, Feigheit, Überdruss, Ignoranz, Trauer
Körperliche Ebene: Lunge, Lymphsystem, Zirkulation, Kehlkopf, Stimme, Klang

Quecksilber leitet, führt und zeigt an. Es verleiht die Gabe, immer vollkommen man selbst zu sein und flexibel, frei fließend, schnell, intuitiv und einfühlsam auf alles, was im Leben geschieht, einzugehen. Für den Menschen ist Quecksilber in der äußeren Form Gift, in der inneren Form das intuitive, spirituelle Licht, das Energien sofort erfassen, anzeigen, erhöhen, lenken und leiten kann.

Quecksilber im Allgemeinen

Quecksilber, auch als »flüssiges Silber« bekannt, ist ein ganz besonderes chemisches Element, denn es ist bei Raumtemperatur flüssig und befindet sich damit in einem Zustand, in den andere Metalle erst gelangen, wenn sie stark erhitzt werden. Quecksilber ist das chemische Element mit dem Elementsymbol Hg und der Ordnungszahl 80. Es wird vor allem in der Technik angewendet, und zwar überall dort, wo mit Luft, Licht oder Wärme gearbeitet wird (Thermometer, Energiesparlampen etc.). Die geometrische Form von Quecksilber ist die Kugel.

Quecksilber im Spirituellen

Der Mensch ist weder reine Natur noch reine Göttlichkeit. Er pendelt zwischen den Welten hin und her, auf und ab, und Quecksilber ist die innere Flamme, die seine spirituelle Entwicklung anzeigt. Es steht mit dem Halschakra und dem gesprochenen Wort in Verbindung. Worte können Licht und Wärme bringen, die Schwingungen erhöhen, den Spirit der Liebe offenbaren oder die Atmosphäre vergiften, sie können verletzen, krank machen, vernichten und sogar tödlich sein. Wir können Gift speien, giftig werden, oder Licht, Balsam, Wärme und Heilung bringen, wenn wir vom Licht des lebendigen Geistes beseelt sind.

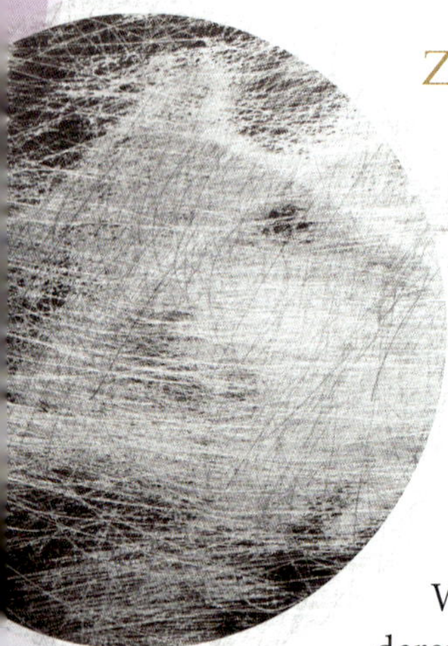

Zinn – Jupiter/Zeus

Donnerstag – Barmherzigkeit – Erzengel Zadkiel

Widersacher: Beelzebub – Völlerei und Maßlosigkeit

Höchste Form: Glück, Gewinn, Zugewinn, Ausdehnung, Strenge, Verbreitung, Verbindung, Weisheit, fruchtbare Wechselbeziehungen mit anderen, spirituelle Empfänglichkeit, Wahrheit, Auftrag des Göttlichen, Mittlerer Weg, Balance und Gleichgewicht

Niedrigste Form: Gier, Völlerei, Maßlosigkeit, Selbstsucht, Abtrennung, Leere, Zerrüttung, Hyperaktivität, Schlafstörungen, Einsamkeit, Entgleisung, Ausschweifung, Herrschsucht, Rechthaberei, Lebensangst, Ideenflucht, Depression

Körperliche Ebene: Denk- und Leistungsschwäche, Gelenke, Leber, Verhärtungen, Stauungen

Zinn ordnet ein, Zinn zeigt an.

Zinn im Allgemeinen

Zinn ist das chemische Element mit dem Elementsymbol Sn und der Ordnungszahl 50. Es kristallisiert in der kubischen Diamantstruktur und hat einen sehr niedrigen Schmelzpunkt. Zinn ist ein Element, das man wohlüberlegt und mit Achtsamkeit behandeln muss. Zu viel Hitze kann das Gegenteil von dem bewirken, was man beabsichtigt, zu viel Kälte auch. Es kann hart und spröde werden und sogar seine Form verlieren. Die Hauptverwendung des Zinns lag früher in der Herstellung von Gebrauchs- und Ziergegenständen. Bronze besteht aus Kupfer und Zinn, so erhielt Zinn eine größere Bedeutung in der Bronzezeit. Heute wird es überall gebraucht, in der Elektrotechnik, der Medizin, und vor allem in der Verbindung mit anderen Metallen verwendet.

Zinn im Spirituellen

Zinn fordert zum goldenen Mittelweg und zur Achtsamkeit auf. Es zeigt, wer wir sind, welche Kräfte wir in welchem Maß durch uns hindurchleiten und womit wir uns verbunden haben. Es ist mit unserer Doppelnatur und den unsichtbaren Reichen verbunden, der Wechselwirkung zwischen den ätherischen und stofflichen Wesen, die im Gleichgewicht gehalten werden möchten – Ruhe und Aktivität. Zinn leitet die Kräfte der Weisheit und des lebendigen Wissens. Es ist mit der Zunge, der Aufnahme verbunden. Was nehmen wir auf, was geben wir ab? Übertragen wir Weisheit oder sinnloses Geplapper? Zinn fordert uns auf, uns in den Dienst des Lichts zu stellen, großzügig zu sein und uns zu verbinden, um das Licht auszudehnen. Auf diese Weise werden wir in die innere Harmonie zurückgeführt. Zinn kann helfen, aus dem Zentrum des Göttlichen heraus das richtige Maß in der Polarität der Kräfte zu finden.

Blei – Saturn/Chronos

Samstag – Milz – Throne – Karmischer Rat – Hüter der Schwelle/Wächter

Widersacher: Mammon – Geiz und Habgier

etwas ist schwer wie Blei
Blei in Gold verwandeln

Höchste Form: göttliche Prinzipien, Stabilität, Genauigkeit, Schutz, Ausgleich, Gerechtigkeit, Bewahren, Erhalten, Hüten, Wachen, Prüfen

Niedrigste Form: Geiz, Habgier, Habsucht, Besitzdenken, Begrenzung, Kleingeistigkeit, Tod, Verlust, Erhalt, Pessimismus, Blockade, Gefangenschaft, Energievampirismus, Mangel an Beweglichkeit, Ohnmacht, Verhärtung, Abgrenzung, Undurchlässigkeit

Körperliche Ebene: Knochen, Knochenmark, Knochenbrüche, Verhärtungen, Versteifungen, Mineralisierung, Sterbeprozess

Blei verstärkt die Form und die Speicher.

Blei im Allgemeinen

Blei ist ein giftiges Schwermetall mit dem Elementsymbol Pb und der Ordnungszahl 82. Es hat einen vergleichsweise niedrigen Schmelzpunkt sowie eine hohe Dichte. Es tritt in oktaedrischen, würfeligen und dodekaedrischen Kristallen auf, die meist winzig sind. Während Gold erhebt, beschwert Blei. Es hat starke stabilisierende, abschirmende und schützende Eigenschaften und wird unter anderem in der Technik, Militärtechnik, im Maschinenbau und im Apparatebau verwendet sowie zur Abschirmung gegen Gamma- und Röntgenstrahlung.

Blei im Spirituellen

Blei ist ein Metall, das nicht aus sich selbst heraustritt, sondern sich auf das beschränkt, was sich in ihm widerspiegelt und sich ihm durch Verstand und Logik erschließt. Es bringt Alter, Verfall und dimmt die Vitalität und Lebensenergie. Blei grenzt ein und konzentriert sich auf die Form und damit auf das schon Geschaffene, statt auf das neue Werden des Formlosen. Eine Bleivergiftung steht für Abgeschlossenheit, das Eingeschlossensein. Der Mensch hat wenig Lebenswillen, bekommt eine graue, bleierne Farbe und wiederholt das, was er tief in sich eingeprägt hat. Doch Blei erhält auch Traditionen und alte Werte. Es erhebt Besitzansprüche. Doch sind spirituelle Gedanken individueller Besitz? Kann geistige Energie je gefangen genommen werden? Kann Licht eingeschlossen werden?

Blei ist verdichtend, schützend, bewahrend, erhaltend, hütend, bis der einzelne Mensch und die Menschheit als Ganzes reif für das wahre Erbe ist. Blei ist der Anker, das Senklot, die Grenze und die Begrenzung, um stabil und beständig zu bleiben bzw. dranzubleiben. Blei hält uns so lange in unseren eigenen Begrenzungen, bis wir das Licht in unserem Inneren entwickelt, unser Karma gelöst und uns selbst gewandelt haben im Licht des Göttlichen. Es geht mit unserem Erdenweg einher, bringt uns Prüfungen, Herausforderungen und Begrenzungen, damit wir lernen, über uns selbst hinauszuwachsen, in das hinein, was wir wirklich sind, und das ist mit einigen Anstrengungen verbunden. Blei mit Gold zu kombinieren, hilft, alte Speicher zu erlösen und das Licht zu befreien.

Übung: Die Metallwesen erfahren

Du kannst dich auf deine Weise mit den Metallwesen verbinden oder dich von dieser Meditation führen lassen.

Nimm dir Zeit. Wähle einen Ort, an dem ungestört bist. Komme zur Ruhe, und lade dich über die Atmung auf. Immer heller und weiter. Begib dich aus deinem denkenden Verstand über den Hals in den Raum deines Herzens hinein. Lasse dich mit einem tiefen Atemzug immer tiefer in den Raum deines Herzens hineinsinken. Du befindest dich an einem Ort, an dem du vollkommen sicher und geborgen bist, während du dich noch tiefer in den geistigen Raum hineinbewegst.

Öffne nun deine inneren Sinne:
Fühle den Boden unter deinen Füßen, deinen Weg.
Höre dich um, welche Geräusche vernimmst du?
Nimm einen Geruch wahr, der dir um die Nase weht.
Nimm einen Geschmack wahr.
Öffne deine inneren Augen, schaue dich um.
Fühle, und sieh, ist es kühl oder warm? Hell oder dunkel? Weit oder eng?

Du kommst immer mehr in dein Zentrum. Bitte deine geistige Führung, zu erscheinen. Begrüße sie auf deine Weise. Brich nun mit der Absicht, die Reiche der Metalle zu erkunden, auf. In deiner Vorstellung bildet sich aus deinem Zentrum heraus ein Weg. Zusammen mit deiner geistigen Führung folgst du diesem Weg in die innere Erde. Du nimmst Steine und Felsen wahr sowie Wurzelwerk. Zusammen mit deiner geistigen Führung, die den Weg beleuchtet, zieht es dich in die Tiefen der Erde. Lasse dich führen, zu den Gold- und Silberadern, zu Kupfer, Eisen, Nickel, Zink …

Bitte um Einlass. Du betrittst die Metallreiche und ihre Sphären.

Tritt zuerst in die goldenen Adern der Erde ein. Nimm es zunächst nur wahr. Ist es warm oder kühl? Hell oder dunkel? Welche geometrischen Formen nimmst du wahr? Du bewegst dich immer tiefer in das goldene Licht hinein bis in die geistigen und feinstofflichen Dimensionen und himmlischen Sphären. Bitte das Lichtwesen des Goldes, zu erscheinen. Lasse dich von ihm führen, und lerne von ihm. Abschließend bedanke dich bei ihm.

Du bewegst dich weiter in das Silberreich. Verweile unter einem silbernen Wasserfall, und nimm die wahre feinstoffliche Kraft des Silbers in dich auf. Spüre, wohin sie fließt, was in dir passiert. Ist es eher kühl oder warm? Zieht es dich nach oben oder nach unten? Wie nimmst du seine Schwingung, seine Ausstrahlung, sein Muster wahr? Was geschieht in der Verbindung zum Silber in dir? Bitte darum, das lebendige Wesen des Silbers zu treffen und wahrzunehmen. Du kannst mit diesem Wesen auf geistiger Ebene kommunizieren. Im Anschluss segne das Silber, und bedanke dich bei seinem lebendigen Wesen.

Verbinde dich nun mit dem Kupferreich. Verweile im flüssigen Kupferlicht. Nimm die feinstoffliche Kraft des Kupfers wahr, seine Schwingung, Ausstrahlung, sein Muster. Ist es warm oder kühl? Was geschieht in dir in der Verbindung zum Kupfer? Bitte darum, das lebendige Wesen des Kupfers zu treffen und wahrzunehmen. Du kannst mit diesem lebendigen Wesen auf der geistigen Ebene kommunizieren. Im Anschluss segne das Kupfer, und bedanke dich bei seinem lebendigen Wesen.

Verfahre auf dieselbe Weise auch mit den anderen Metallen, so, wie sie dich rufen. Wenn du fertig bist, so bedanke dich. Frage deine geistige Führung, ob es noch etwas zu beachten gibt. Kehre auf dem Pfad, auf dem du gekommen bist, zurück in dein Zentrum.

Verankere mit einem Atemzug das, was du mitgebracht hast. Beobachte die Veränderungen in deiner Innenwelt. Bleibe tief in deinem Zentrum verankert. Spüre innen und außen, oben und unten gleichzeitig, und komme auf deine Weise, verankert in deinem Zentrum, in den äußeren Raum zurück.

Notiere dir deine jeweiligen Erfahrungen. Metalle sind große Wissensspeicher. Sie können uns in der lebendigen Kommunikation viel zeigen, vermitteln und uns helfen, auf der inneren Ebene zu neuen Erkenntnissen zu gelangen.

Anmerkung
Die sieben Planetenmetalle haben urbildhaften, reinen Charakter. Alle anderen Metalle lassen sich als Kombination dieser sieben Metalle, der sieben hohen Lichter, der sieben lebendigen Strahlen, begreifen.

Natur und Technik

Obwohl wir im Zeitalter der Technik leben, in dem Metall überall verwendet wird, beachten wir die lebendigen Wesen der Metalle nicht. In einem Baum erkennen wir das lebendige Wesen, im Metall hingegen fällt uns dies schwer. Metalle sind für uns tot, hart, unbarmherzig, werden missbraucht, benutzt, zum Töten verwendet, weggeschmissen, verachtet und nicht wahrgenommen.

Gehen wir in der Entwicklungsgeschichte zurück und betrachten wir den Ursprung, Lemuria, das Paradies im Himmel und auf Erden, wo alles noch in der glänzenden, wärmenden Liebe der Einheit wirkte, und dann das Zeitalter von Atlantis, in dem ein Kampf im Himmel entbrannte – man spricht auch vom Fall der Engel aus der Einheit, um die Spaltung und die Trennung herbeizuführen –, dann wird deutlich, dass wir eben diese alten Speicher von Atlantis (dem Untergang) in uns erlösen müssen, wenn wir die Technik in eine neue Zeit transformieren und so das Wesen der Metalle erlösen wollen. Denn es waren die Metalle und die Wesen der Metalle, die versklavt, geschlagen, geschunden, geformt, missbraucht und geknechtet wurden, zusammen mit den lebendigen Kräften der Natur. In dieser Form erfahren wir die Metalle, etwa in Form von Waffen, Maschinen und künstlichen Intelligenzen, Ausbeutung und Gier, noch heute als ausgesprochen erbarmungslos und zerstörerisch. Metall kann in unbewusster Form sehr kühl, hart, statisch, tot und unbarmherzig sein. Indem wir eine neue Vision erschaffen, im Einklang mit der Technik und der Natur am höchsten Plan wirken, so, wie in der Anfangszeit von Atlantis, können wir ein neues Verständnis entwickeln und die jetzige Entwicklung als Phase in eine höhere Ebene begreifen.

Aus spiritueller Sicht ist es wichtig, sich mit den Metallkräften zu befassen und sie auf dem Weg in eine neue Dimension zu erlösen.

Impuls: Natur und Technik

Denke an die Natur und an die Technik! Wie stehst du persönlich zur Natur und zur Technik? Lehnst du eher die Natur oder die Technik ab? Wie ist dein Verhältnis zu den Metallen? Wie ist dein Verhältnis zur Natur? Kannst du für dich ein neues Bild, eine neue Vision erschaffen, in der Natur und Technik im Einklang des großen Plans wirken? Nimm dir Zeit, und erschaffe ein neues Bild, in dem Natur und Technik in Harmonie und Einklang miteinander wirken.

Solange wir die alten schmerzhaften Speicher in uns aufrechterhalten, können wir kein neues Werden erschaffen. Wir wiederholen das Althergebrachte immer wieder und blockieren neue Entwicklungen, weil wir Angst hegen, statt Vertrauen, weil wir an alten Mustern festhalten, statt an neue Visionen zu glauben. Wir stehen an einem Wendepunkt. Noch ringen Natur und Technik in uns Menschen miteinander. Dabei gibt es freie Energie und saubere Technologien schon in Hülle und Fülle. Doch sie können sich erst aus der dritten Dimension in die fünfte Dimension entfalten, wenn wir beginnen, die Resonanzen in uns zu löschen, und freiwillig neue Visionen im Einklang mit den universellen Gesetzen erschaffen. Engel sind Wesen der höchsten Ordnung. Sie bedürfen unseres freien Willens und unserer Hinwendung, um das höchste Licht auf Erden zu offenbaren, das schon längst da ist.

Impuls: Karma erlösen – Lemuria & Atlantis

Universeller Frieden beginnt in uns. Wir können allein oder gemeinsam, in Gruppen, ein neues Bild des Friedens erschaffen und damit die Lichtsamen einer neuen Zeit streuen.

Wie könnten für dich Technik und Natur in der Einheit aussehen? Wie kann für dich die Verbindung von Lemuria und Atlantis in der Einheit sein?

Erlöse die alten Bilder und Speicher, und verwende deine schöpferischen Kräfte für ein neues Werden, in dem Natur und Technik der Liebe und dem Licht des Gesamten dienen, in Einklang mit dem gesamten Universum. Erlaube dir, in deiner Vorstellung Mensch und Technik in Einklang mit allen Welten neu zu erfinden und vollständig ins Licht zu erheben.

Meditation: Lemuria/Atlantis – Erinnerungen der Seele

Diese Meditation kannst du allein oder in der Gruppe machen.

Stimme dich auf Lemuria und Atlantis oder eine Zeit nach deren Untergang ein, und lasse Resonanzen mit alten Speichern in deiner Seele aufsteigen.

Schritt 1:
Nimm dir Zeit. Verbinde dich in deiner Vorstellung mit deiner geistigen Führung. Metatron und Shekina sind wunderbare Schöpferwesen, die uns gern auf den feinstofflichen und geistigen Ebenen behilflich sind. Du kannst einen Meister oder eine Meisterin, den oder die du sehr liebst, bitten, dich zu unterstützen, dich anzuleiten und zu führen.

Entzünde eine Kerze. Lasse dich von deinen geistigen Begleitern in die Tiefen deiner Seele führen, in denen noch Erinnerungen aus alten Zeiten gespeichert sind. Lasse zuerst ein Bild entstehen, in dem hohe Technologien, Natur und Mensch in vollkommenem Einklang gelebt haben. Lasse dir Zeit. Alle Tore in andere Sonnensysteme und Sternensysteme stehen offen. Saubere, freie, leichte Energie kann sich überallhin bewegen. Wunderschöne Stätten mit Wasserstraßen, eine strahlende Natur und vollkommener Frieden im Einklang von Natur und Technik herrschen. Technik unterstützt die Natur, Natur gibt den Wesen der Technik einen Ankerplatz. Lasse dieses Bild immer klarer werden.

Wie haben alle Wesen in Einklang gelebt?
Wie waren alle Königreiche dieser Erde, vom kleinsten bis ins größte, verbunden (Elementarreiche, Pflanzen, Tiere, Menschen, Wesen von anderen Sternennationen)?
Welche geometrischen und harmonischen Formen nimmst du wahr?

Welchen Klang und welche Farbe haben sie?
Was war das Grundelement?
Welche Fähigkeiten konnten dadurch weiterentwickelt werden?
Was konnte entstehen?
Wie geschah Austausch und Evolution?
Welche Meisterebenen waren verbunden?
Welche Schulungsstätten gab es? Wie sahen sie aus?
Was war deine Aufgabe?
Wo findest du dich vollkommen wieder?

Erschaffe das vollkommene, harmonische, für dich stimmige Bild. Hole es aus der inneren Wirklichkeit in die äußere Wirklichkeit, zum Beispiel indem du dieses Bild malst, bastelst, eine Collage anfertigst oder es auf dem Computer animierst. Tauche mit deinem schöpferischen Geist in diese Ebenen ein. Lasse sie immer mehr zu einer möglichen Variante der Realität werden. Du kannst mehrere Wochen daran arbeiten.

Schritt 2:
Lasse dich zu deiner tiefsten Urwunde führen.
Nimm dir Zeit. Verbinde dich mit den Engeln, deiner geistigen Führung, deinem Hohen Selbst. Bitte darum, dass dein universeller Lichtkörper vollständig aufgebaut wird, sodass du vollkommen von diesem Licht geschützt und befähigt bist, zu erlösen. Mache dich bereit, dich zur Urwunde deiner Seele führen zu lassen. (Du kannst dich auch von jemanden, der Reinkarnationsarbeit anbietet, führen lassen.)

Lasse dich von deinen geistigen Begleitern in die Zeit von Atlantis zurückführen. Zuerst nimmst du den Einklang, die Einheit wahr – Technik, Natur und Mensch als Mittler zwischen allen Welten, in der Einheit wirkend. Lasse dir Zeit. Male dir alles in allen Einzelheiten aus. Welche Technologien sind sauber? Wie können sie im Einklang mit den Naturwelten wirken?

Nun trägt dich deine geistige Führung tief in die Erinnerungen deiner Seele zurück. Vielleicht bemerkst du schwarze Felder, Gefühle von Ohnmacht, Wut und Trauer und anderes. Bleibe dabei. Beobachte, was sich dir zeigt, von einer höheren Warte, aus dem Blickwinkel deines ewigen Selbst. Lasse Erinnerungen aufsteigen. In deiner Vorstellung wirst du an einen Ort und eine Zeit nach dem Untergang geführt. Stelle dir vor, du kommst dort an. Nun schaue dich um. Betrachte alles. Was findest du vor? Was war dies für ein Ort? Befinden sich dort noch Wesen oder Seelenanteile von Wesen? Schaue dich mit deiner geistigen Führung um. Leuchte jede Ecke und jeden Winkel aus. Du bist wieder da, und allein das bringt diesen verlassenen und vergessenen Ort von innen heraus zum Leuchten.

Nun beginne, mithilfe deiner geistigen Führung alles an dem Ort zu erlösen und in die Ordnung zu bringen. Du kannst eine Lichtsäule errichten, die weit in das Licht führt und alles wie von allein ins Licht trägt, du kannst die kristallinen Gitternetzstrukturen wieder aufbauen und Seelenanteile in die Lichtsäule leiten. Beginne, mit deiner geistigen Führung aus deinem höchsten Selbst diesen Ort zu wandeln. Findest du hier ein Sternentor, Raumschiffe oder Technik, die an andere Wesen gekettet ist? Berühre die Metalle, erinnere sie an ihr höchstens Wesen, und spüre, wie sie sich aus der Dunkelheit langsam ins Licht emporheben und sich an ihr wahres Wesen erinnern. Löse, entfessele, segne, salbe, heile mit dem universellen Licht.

Halte Ausschau nach alten Gegenständen, die dem Licht gedient haben, alten Fähigkeiten und Fertigkeiten. Gib auch sie ins Licht, damit sie gereinigt und geklärt werden und über die höchsten Ebenen zurückkommen können.

Tue aus deiner höchsten Führung heraus, was getan werden muss.

Spüre, wie Schock, Angst und Schrecken, Trennung und Verlust erlöst werden und sich in Licht verwandeln. Stelle dich vollkommen diesem Bild, und gehe mit deinem ganzen Licht, deiner gesamten Schöpferkraft und der Kraft der Wandlung und Erlösung in es hinein. Viele Lichtwesen unterstützen dich dabei.

Spüre, wie alte Verträge, Bindungen, Versklavungen, Fesseln usw. gelöst und vollständig transformiert werden. Lasse dir so lange Zeit, bis der Ort in vollkommenem Licht leuchtet, alles erlöst ist, was an diesem Ort erlöst werden kann. Spüre regelrecht die Erlösung in der Einheit. Frieden, Weite, Licht, Leichtigkeit, Helligkeit, Dankbarkeit.

Du kannst dich immer wieder mit deiner geistigen Führung abstimmen.

Segne den Ort. Vielleicht zieht es dich noch an andere versunkene Orte oder Stätten, mit denen dein Herz und deine Seele verbunden waren. Lasse dir Zeit. Auch dies kannst du in den Schritten und dem Tempo tun, wie es für dich passt.

Wenn du für heute fertig bist, sieh den Segen. Steige wieder auf. Kehre zurück in dein Zentrum. Verankere das neue Bild in dir. Kehre aus den inneren Ebenen in die äußeren Ebenen zurück.

Danke für dein Sein und dein Wirken! Du wirst bemerken, dass du nach und nach einen positiven und hoffnungsvollen Bezug zur Technik entwickelst und damit Technologie einer neuen Zeit im Einklang und in der Einheit Raum gibst.

All die Entwicklungen, die wir momentan erleben, sind wie Kinderkrankheiten. Wir stehen am Anfang einer neuen Zeit. Das Neue ist schon längst da, nur das Alte macht noch viel Lärm.

Richte dich in deiner schöpferischen Kraft auf das neue Werden im Himmel und auf Erden aus. Sieh und segne immer mehr das wahre Wesen der Metalle, sodass es wieder sein kann, wozu es ursprünglich auserkoren wurde.

Alles hat einen tieferen Sinn.
Segne das Licht, segne die Dunkelheit.
Gehe den Weg aus der Mitte deines Herzens.
Die Perlen der Weisheit formen sich allmählich
aus tiefer Einsicht und Erkenntnis.

DAS PFLANZENREICH

Garten der Liebe. Garten Gottes.
Gott atmet und lacht in den Pflanzen.

Der Geist der Pflanzen ist Ananda, Freude, Liebe,
göttliche Schönheit in der Welt.
Sie bestimmen die Aura und die Atmosphäre einer Landschaft.
Sie lehren uns, in der Schönheit zu leben
und die Schönheit in allem Leben zu sehen.
In allem ist ein feinstoffliches, zartes Wesen,
das sich uns erst zeigt und seine wahren göttlichen Kräfte offenbart,
wenn wir unser Herz im Licht öffnen
und in Frieden, Geduld, Güte, Zartheit und Liebe sind.

Verschwenderische Fülle, Lebensfreude, bunte Lebenskraft und schöpferische Vielfalt gehören seit jeher zum Wesen der Natur und auch zur Natur des Menschen. Indem wir uns mit der Natur verbinden, erkennen wir unser wahres Wesen. Das Pflanzenreich wächst stets dem Licht entgegen und ist somit auf das Licht ausgerichtet. Unzählige Wesen wiegen sich von den höchsten bis in die kleinsten Ebenen in einem Reigen aus kosmischer Musik. Sie bauen auf und bauen ab. Sie bringen hervor und ziehen sich zurück. Mächtige Landschaftsdevas, wunderschöne, lichtvolle Auren in zarten Farben, Düften und Formen, Feen, Elfen, Zwerge und Wurzelwesen wirken in den Pflanzen. Das Pflanzenreich ist ein Ozean aus himmlischer Musik, kosmischen Farben und heilsamen Mustern in der Heiligsten Geometrie, mit der wir harmonisch verbunden und von der wir durchdrungen sind. Für alles gibt es ein Kraut im Garten Gottes, im Garten der Liebe.

Devas sind die Wesen und Hüter der Pflanzen. »Deva« oder »Devi« bedeutet »Himmlische« oder »Leuchtende«. Pflanzenwesen sind Göttinnen und Götter der Vegetation. In alten Zeiten kannte und ehrte man die Wesen der Pflanzen und wirkte bewusst mit ihnen. Ihre Aufgabe ist es, das Leben zu nähren und an ihren lichten, ekstatischen Ursprung zu erinnern.

Die Pflanzendevas und -wesen sind ätherisch, frei und leicht. Sie tragen die ätherischen Formen der Heiligen Geometrie in sich. Die Pflanzendevas können vorübergehend Tiere lenken und reiten. Sie können sich auch in technische Geräte hineinbewegen, um Botschaften zu übermitteln. Sie können sich leicht mit der Seele des Menschen verbinden und ihn in seiner kreativen Lebensgestaltung inspirieren und anregen. Es gibt unzählige Bücher über das geheime Wesen der Pflanzen, das die seelischen Kräfte anregt und dadurch die schöpferischen Impulse im Menschen weckt. Pflanzen bringen uns in den künstlerischen, kreativen Ausdruck. So inspirieren sie uns in der Musik, im Tanz, im Gesang, in der Kunst, im Schreiben, Nähen, beim Kochen, Backen und im kreativen Ausdruck in vielen Bereichen. Sie liefern uns Farben, Nahrung, Medizin und vieles mehr. Viele kreative Kräfte werden still und heimlich und ohne dass wir es bemerken von den Pflanzen unterstützt. Pflanzenwesen sind sehr machtvoll. Gottheiten, die sich unserer bemächtigen können. Wenn wir in Respekt und Achtung mit ihnen wirken, können wir die wundervollen Kräfte der Liebe aus unserem Herzen heraus entfalten.

»Blumen sind der schönste Ausdruck der Natur,
mit der sie uns zeigt, wie lieb sie uns hat.«
(Johann Wolfgang von Goethe)

Pflanzen erinnern uns an die Lebensfreude. Sie erinnern uns daran, zu erblühen, im Licht des Herzens und im Licht des Geistes zu erwachen und die göttlichen Kräfte in uns, unsere kreativen Talente und höheren Künste, zu erwecken, zu entfalten und die Welt in Schönheit, Harmonie und göttlicher Ordnung zu gestalten.

Dem Pflanzengeist ist es möglich, ein weites Spektrum der kosmischen, elektromagnetischen Energie der Sonne zu nutzen. Das Chlorophyll fängt die Lichtquanten auf und wandelt sie um. Pflanzenwesen schenken Leben und vereinen die Reiche von Jenseits und Diesseits in der Einheit. Durch die Pflanzenwelt werden sämtliche lebendigen Vorgänge angeregt. Pflanzenwesen sind Gruppenseelen, immer im Samadhi, in vollkommener Ekstase, Liebe und Einheit. Sie bringen die Klänge des Kosmos hervor. Mittlerweile ist man in der Lage, die Gesänge von Pflanzen aufzuzeichnen und hörbar zu machen.

Das Pflanzenreich zeigt uns die Zyklen und ewigen Kreisläufe des irdischen und des ewigen Lebens. Same, Keimling, Blatt, Blüte, Frucht wachsen, blühen, verblühen und ziehen sich wieder in die Erde zurück.

Im Pflanzenreich gibt es große Lehrer und Heiler. Sie schenken uns Medizin, Heilimpulse und sind in der perfekten Geometrie des Lichtfeldes und des Herzens aufgebaut. Die Medizin für unser göttliches Werden kommt aus den Pflanzenreichen. Pflanzen spiegeln unser Sein. Sie zeigen uns an, was wir brauchen, um die Balance in der Natur, in unserer Natur, wiederherzustellen. Sie wachsen nicht zufällig an einem Ort.

Sieh die Pflanzen als lebendige Wesen, und du wirst erkennen, wie sie sich in deine Nähe schleichen und auch wieder verschwinden, wenn die Balance wiederhergestellt ist. Da sie so wie unser Körper aus den Elementen und der Heiligen Geometrie bestehen, können Pflanzen mit unserem Feld verschmelzen, es auffüllen und ins Gleichgewicht bringen. Dadurch kann der göttliche Strom wieder fließen, und die Regenerations- und Heilkräfte, die in allem Lebendigen wirken, können aktiviert werden. Natur kann Natur ohne Nebenwirkungen heilen, da sich alles in einem stetigen, lebendigen Austausch befindet.

Auch chemische Heilmittel kommen ursprünglich aus der Natur, sind aber künstlich verändert und entfalten in den meisten Fällen Nebenwirkungen, die natürlichen Heilimpulse des lebendigen Körpers unterdrücken und die nicht selten tödlich enden können. Manchmal sind sie unabdinglich, doch in den meisten Fällen sollten wir bei der Natur beginnen und nur im Notfall auf künstliche Hilfsmittel zurückgreifen.

Da Pflanzen den Menschenwesen gleichen, können sie diesen auf vielen Ebenen Heilung bringen und Unterstützung sein. Pflanzen tragen das gesamte Farbspektrum, die Planetenkräfte und heiligen geometrischen Formen in sich. Sie können alle Schwingungsebenen in uns berühren und erfüllen.

Das Liebeslied der Blumen

Wir sind eingebettet in das Liebeslicht des Universums, so, wie auch ihr es seid. Wir öffnen uns aus dem Zentrum in das Licht und erblühen in sanfter, bunter, strahlender Schönheit. Wir verströmen leuchtende Farben, strahlende Freude, wohlriechende Düfte.

Unsere stille, heilsame Präsenz leuchtet weit in euer Leben hinein. Der Regenbogen erstrahlt in den Perlen des Wassers auf unserem farbigen Sternengewand. Ein stiller Zauber umgibt unser Sein. Wir trinken Morgentau, tanken Sternenlicht und tanzen im Mondschein. Wir spielen und singen im Sonnenschein mit flatternden Schmetterlingen, brummenden Hummeln und summenden Bienchen. Unsere Wiesen sind erfüllt vom fröhlichen Zirpen, von bunter Lebensfreude und Glückseligkeit.

Wir segnen euch mit Blütenregen und erhellen eure grau gepflasterten Straßen. Wir sind das Geschenk der großen Liebe, die euch im Leben stetig begleitet, in der Liebe, in der Freude, am Tag, in euren Träumen, in der Reue, und spenden Trost im Tod, trotz dem die Liebe niemals endet. Wir hüllen euch ein in unseren feinen balsamischen Duft, der euch heiter umflügelt und wiegt im sanften feinen lichten Wesen eurer Seelen.

Wir sind der Spiegel eines weit geöffneten Herzens, das nur das Liebeslicht sieht, es aufnimmt, um es in der Welt zu verströmen. Wir erinnern euch an das Paradies, aus dem ihr stammt. Es ist dort, wo ihr in Frieden seid. Allzeit und für immer.

DIE GEOMETRIE DER PFLANZEN

Die Geometrie der Pflanzen reicht von einfachen bis zu sehr komplexen Formen und Energieströmen im feinstofflichen Bereich. Aus dem Pflanzenreich entwickelte sich das Tierreich, das schließlich das Menschenreich hervorbrachte. So sind alle Reiche in uns und in der göttlichen Natur in perfekter geometrischer Anordnung verbunden. Die Pflanzen hüten die Schwingung der Liebe und der Anziehung. Sie erschaffen als Gruppenwesen harmonische geometrische Formen, Duft- und Klang-, Farb- und Schwingungsmuster, um unsere Energie zu erhöhen, uns zu erinnern und unser Licht in Freude, Leichtigkeit und Glückseligkeit zu erhöhen. Sie begleiten uns im Diesseits und im Jenseits. Jede Pflanzenart hat ihr eigenes Schwingungsmuster. Jede einzelne erzeugt im erweiterten Blickwinkel wunderschöne, harmonische Felder.

Allen Pflanzen liegt ein Bauplan zugrunde, der unter anderem auf dem Goldenen Schnitt und der Fibonaccisequenz gründet. Es entsteht eine wirbelnde Energie, die in allem Leben zu finden ist, vom Kleinsten bis in die größte Galaxie. Wasserstrudel, DNA, Torusfelder, Wirbelwinde – alles folgt denselben geometrischen Mustern. Die Fibonaccisequenz regelt das Wachstum der Pflanzen, die Anordnung der Blätter und sorgt dafür, dass die Pflanze maximalen Zugang zum Licht hat. Die Natur ist geradezu beseelt von Musik, Harmonie, Mathematik, Schönheit, Perfektion und göttlicher Freude. Wenn wir unser Herz öffnen und uns mit ihren Wesen verbinden, können wir sie in Form ätherischer Lichter wahrnehmen. Blätter erzeugen kleine grüne Flämmchen, die uns für die Regenerationskraft in uns und die Heilkraft der Natur öffnen.

Das geometrische Muster der Blüten gleicht einem Torusfeld, in dem feinstoffliche Lichtströme zirkulieren und Energieströme angeregt werden, sodass mehr Licht in die Pflanzen einströmen kann. Das Wesen der Pflanzen strebt in das Licht höherer Welten. Pflanzen stammen aus dem Paradies und sind in den Gärten der Götter zu Hause.

Der Lotos ist Sinnbild der erwachenden Blume des Lebens, der Vielfalt in der Einheit. Er ist das Symbol der Erleuchtung, des Erwachens in anderen Sphären, Ebenen und Dimensionen. Wie viele Gottheiten werden in wahrlich wundervoller Farbenpracht in Hülle und Fülle im Lotos dargestellt? Das Kronenchakra ist auch als der tausendblättrige Lotos bekannt. Es steht für die Öffnung und das Erwachen in der Ewigkeit. Das Herzchakra im Lotos steht für das vollständige Erwachen im ewigen Licht. Ein weißer Lotos steht für das göttliche Bewusstsein.

Die Natur ist sinnlich, lustvoll, lebensfroh und ekstatisch. Pflanzen tragen Stoffe in sich, die unsere Systeme nähren, klären, erhöhen, reinigen. Ihre Früchte sind unsere Nahrung. Nahrung ist Medizin für unser Sein. Ihre Muster spiegeln sich in unserem Körper wider und deuten auf ihre besondere Heilkraft hin, z.B. Karotte – Iris – Augen, Walnuss – Gehirn, Kürbis – Nieren, Tomate – Herz usw. Jede Blume, jede einzelne Blüte offenbart uns die unermessliche Liebe des göttlichen Geistes, aus dem wir stammen.

Wenn du in die Natur gehst, so betrachte sie einmal aus einer erweiterten Perspektive. Du wirst bemerken, dass Pflanzen heilsame und machtvolle Schwingungsfelder erzeugen. So erzeugt zum Beispiel ein Lavendelfeld sehr reinigende, sanft kreisende Ströme und fein duftende Winde, die unser Energiefeld beruhigen, reinigen und klären. Blütenregen ist wie ein Segen aus der Geistigen Welt, Duftströme erfassen und verzaubern uns, und Duft ist die Sprache der Blumen. Düfte haben je nach Geometrie energetisierende (in Form von kleinen Flämmchen), reinigende (in Form von Lichtsäulen) oder harmonisierende (in Form von Kreisen und Spiralen) Wirkungen. Düfte rufen Wesenheiten aus spirituellen

Ebenen herbei. Unser Geruchssinn öffnet unser Bewusstsein, er ist ebenso ein Tor zu höheren Ebenen des Bewusstseins wie auch zu den tiefsten Ebenen unseres Unterbewusstseins. In jedem Blumenduft steckt eine andere Komponente, die unsere spirituelle, seelische und emotionale Entwicklung unterstützt. Düfte können unsere Gefühle augenblicklich verändern, Entspannung hervorrufen, Energien in den Fluss bringen, Schmerzen lösen, Felder in uns klären, das Selbstwertgefühl stärken, die Stimmung heben, uns aufladen, erden und inspirieren. Achte auf die feinen geometrischen Formen und Bilder, die Düfte augenblicklich in deinem Sein erzeugen können.

TIPP

Probiere die Aromatherapie aus. Ätherische Öle und Düfte erzeugen vielfältige Schwingungen und Frequenzen in unserem Sein und sind leicht anzuwenden.

Rosen zeigen uns die Eintrittspforten in die zarte, verborgene, weiche Welt der Liebe. Rosen haben je nach Farbe und Form viele Bedeutungen. Sie sind gemäß der Geometrie der Venus aufgebaut. Sie haben viele Schichten und samtige Schleier. Zudem haben sie etwas Betörendes und Umwehendes. Sie öffnen sich spiralförmig bis in die Ebenen des Lichts, das in der Liebe aufgeht. Echte Rosen öffnen das Herz und laden uns mit hohen Frequenzen auf.

Die rote Rose steht für Liebe, Leben, Leidenschaft, das Feuer der Liebe, das im Herzen brennt, und den Duft der Liebe, den das Herz verströmt, wenn es sich dem Licht öffnet. Es entblättert und entfaltet sich, bis es den innersten leuchtenden Lichtkern, meist gemäß dem Venusstern aufgebaut, freigibt. Die rote Rose erinnert an das weibliche Geschlecht: weich und verführerisch, anziehend und verlockend, öffnend und bereit, die Liebe auf allen Ebenen zu empfangen.

Die weiße Rose steht für Jungfräulichkeit, Reinheit und Unschuld.

Die weiße Lilie erinnert uns an den Lichtkörper, die Merkaba, und unsere wahre Heimat im Licht. Sie wird beim Abschied dargereicht, da sie das Symbol für das ewige Leben, das Licht, ist, in das wir mit dem Tod zurückkehren. Viele Heilige werden mit ihr in Verbindung gebracht, da diese in der Ewigkeit aufgegangen sind und da bis heute an ihren Stätten und in Gebeten und Gedenken an sie viele Wunder und Wunderheilungen geschehen.

Die Sonnenblume schenkt uns die Kraft der Sonne und spiegelt den Aufbau des Lebens. Sie dreht sich am Tag immer mit dem Sonnenlauf. Ihre Kerne im Innersten sind spiralförmig gemäß der Fibonacciereihe, in perfekter Geometrie, aufgebaut. Ihre Blütezeit ist der Sommer. Ihre Kerne sind sonnengeladen und kraftvoll. Ihre Kerne weisen einen hohen Gehalt an den Vitaminen A, B, D, E, F und K auf und sind reich an Spurenelementen wie Kalzium, Magnesium, Eisen, Selen, Zink, Mangan und Folsäure, weshalb ihr Öl so wertvoll ist. Sie gehören zu der Sonnenkost und stärken das Licht in uns. Das Sonnenblumenwesen ist groß, strahlend und kraftvoll.

Die Schlüsselblume ist gold leuchtend und sieht aus wie ein Teil der Blume des Lebens. Ihre Blüten wirken wie kleine, von innen heraus pulsierende Sonnen. In ihrer Mitte trägt sie den Venusstern, die ewige Liebe, und das Licht, das sich mehrt, wenn wir die Liebe im Leben teilen. Ihre Blütenblätter sehen aus wie fünf gelbe Herzchen, die in der Mitte zusammenlaufen. Sie hat mal sechs Blüten, mal sieben oder mehr. Sie kann verschiedene Ebenen und Dimensionen öffnen und wird auch als Himmelsschlüssel bezeichnet. Sie schenkt Zugang zu den Welten der Feen und Elfen und hilft, verborgene Schätze und die innere feinstoffliche Welt des Lichts zu entdecken. Im Einklang mit der Natur, in der Liebe zur Natur können wir die wahren Schätze bergen. Lasse dich von ihrer Leichtigkeit, ihrem Tanz und Gesang mitnehmen ins Reich der Feen und Elfen.

In der Heiligen Geometrie finden wir die Blume des Lebens, die Saat des Lebens. Viele Pflanzenkerne sind in Form des Oktaeders aufgebaut und können durch den Wind weit getragen werden, um andere Landschaften zu befruchten und in die Blüte zu bringen. Viele Pflanzenarten erblühen im Venusmuster wie der Apfel, die Mandel oder Pfirsichblüten. Sie öffnen das Herz und verbinden uns mit dem ewigen Licht. Liebe ist die größte Heilkraft im Universum. Andere Pflanzen wie die Lilie blühen in der Form der Merkaba und erinnern uns an die Reinheit und das unverwundbare Licht unserer Seele.

Manche Pflanzenarten spiegeln uns ganz deutlich die Energien wider, die unser Körper gerade braucht. Pflanzen öffnen die Räume und Felder der Liebe und stimmen uns auf die Harmonie und die Kreisläufe des Kosmos ein.

Achte auf die Pflanze, die dich ruft, und auf die Nahrung, die deiner Seele guttut, dir Kraft gibt und dein Licht verstärkt. Vergiss nicht, den Wesen der Pflanzen zu danken und ab und zu etwas an den Pflanzengeist zurückzugeben.

Übung: Die Pflanzenverbündeten erkennen

Der Geist einer Pflanze ist zutiefst lebendig. Er kann dich berühren und dich an die immensen feinstofflichen Kräfte der Liebe erinnern sowie an die Zärtlichkeit und Weichheit, die alles in dein Leben ziehen können, allein durch Geduld und indem du abwartest. Der Schmetterling fliegt davon, wenn du ihn jagst, ruhst du hingegen ruhig und friedlich in der Liebe, kommt er von allein zu dir und setzt sich auf deinen Finger.

Pflanzen wählen uns und nicht wir sie. Gehe in die Natur. Betrachte all die Pflanzen, die jetzt wachsen. Wähle einen schönen Platz. Schließe deine Augen. Atme ein paarmal tief ein und aus, und öffne dein Herz weit und voller Mitgefühl und Liebe für die Welt der Pflanzen und der Pflanzendevas. Verbinde dich bewusst mit den Pflanzendevas. Bitte um Einlass in ihr feinstoffliches Reich. Warte, bis du ein Zeichen erhältst. Dies kann ein Windhauch, ein Duft, der deine Nase umweht, oder ein Geschmack, der dir in den Sinn kommt, sein. Betritt das lebendige Reich der Pflanzen und ihrer Wesen. Sieh dich darin um, und bitte darum, zu dem Pflanzengeist geführt zu werden, der dir jetzt in deiner Lebenslage hilft. Betrachte ihn, und lasse dich von ihm anleiten. Es kann sein, dass du in Farben, Energien, Düfte eingehüllt wirst. Nimm diese tief in dich auf. Bitte um Pflanzenverbündete, die dich in deiner momentanen Lebenslage unterstützen. Danke für alles, was du in deiner Meditation erfahren hast, und komme zurück ins Hier und Jetzt.

DAS BAUMREICH

Gott reinigt und verstärkt den heiligen Atem des Lebens über die Bäume. Bäume sind Pfeiler des ewigen Friedens.

Hat Buddha den Bodhibaum erleuchtet oder der Bodhibaum Buddha?

Bäume haben von Anbeginn der Zeit einen heilsamen Einfluss auf uns Menschen. Sie verbinden uns auf allen Ebenen mit unseren Wurzeln und unserer Natur. Viele Erleuchtungserlebnisse und lichtvolle Erkenntnisse stehen mit Naturerfahrungen in Zusammenhang und geschehen in der Einheit mit der Natur. Zu allen Zeiten war die Natur die Brücke und der Erkenntnisweg in die höheren Welten. Überall gibt es Zugänge in die Welt der Götter und zu Wesen höherer Ordnung. Götter leben auf besonderen Bergen, in Höhlen, an Quellen und an speziellen Kraftplätzen. Besonders große und alte Bäume gelten als Sitz verschiedener mächtiger Gottheiten. So trägt die ägyptische Himmelsgöttin Nut die Krone des Isched-Baums. Weihrauch, das geistige Gold, stammt aus dem Weihrauchbaum. Nofretete trägt eine Kette aus Persea-Früchten. Lorbeerblätter zieren das Haupt alter Gottheiten. Die Myrte war der griechischen Göttin Aphrodite geweiht, die Eiche den Göttern der keltischen und germanischen Kulturen, der Apfelbaum wird als Paradiesbaum bezeichnet und ist den Elbenköniginnen, Feenreichen und Einhörnern zugeordnet.

Wir finden weltweit viele alte Legenden, Sagen und Geschichten, die von der Verehrung der alten Bäume und der lichtvollen Ahnengeister berichten. Bäume wurden verehrt, geschmückt, geschätzt, geliebt und in viele Zeremonien miteinbezogen. Der Christ- oder Weihnachtsbaum erinnert uns bis heute an das ewige Leben.

Bäume wurden in früheren Kulturen auch »Standing People« genannt und galten dort als unsere älteren, weisen Brüder und Schwestern, die geduldig im Friedenslicht ruhen, uns unterstützen, uns heilsame Erkenntnisse und lichtvolle Impulse senden, bis wir im Paradies erwachen. Bäume hüten das Erbe unserer göttlichen Vorfahren und sind der Sitz, an dem Kontakt zu diesen aufgenommen werden kann. Früher galten sie als die Kathedralen der Natur, die heiligen Haine, mit denen man im Einklang wirkte.

Bäume erinnern uns an unser Sein. Sie sind Sinnbilder unseres Ursprungs und unserer Aufgaben. Durch unser Erwachen und das Erkennen unserer wahren Identität im Christuslicht können wir in das Himmelreich eintreten und die Ebenen, aus denen unser innerer Kern stammt, nähren. Wir sind sozusagen Kinder des göttlichen Königreichs, bereit, in ihm zu erwachen und den Himmel auf Erden wieder zu errichten.

Neben anderen Formen der Heiligen Geometrie symbolisiert der Baum eine Lichtsäule zwischen Himmel und Erde, denn er ist durch seine Krone mit dem Himmel und über seine Wurzeln mit der Erde verbunden. Er bildet ein lebendiges, kugelförmiges Biofeld, durch das er alles versorgt und Energie gleichmäßig verteilt – in einem kleinen Kreislauf, der verbunden ist mit größeren Kreisläufen. Seine Säfte steigen nach oben und fließen nach unten. Er schenkt vielen Wesen ein Zuhause, Nahrung, Schutz, Erkenntnisse, lichtvolle Impulse, Frieden, Stille und Führung aus den inneren Reichen. Besondere Bäume markieren oft das Herzfeld eines Ortes und sind immer Kraftplätze des Himmels.

Übung: In Kontakt mit dem wahren Wesen des Baumes

Unsere älteren Brüder und Schwestern helfen uns, wenn wir uns nicht mehr geerdet und angebunden fühlen, uns wieder an den Strom des Kosmos anzuschließen und uns im Frieden zu zentrieren. Sie helfen uns, wieder zu uns zu kommen, in unsere Mitte zu finden, uns fest zu verankern sowie still und ruhig zu werden. Es ist Zeit, sich wieder auf Stille und Frieden zu besinnen.

Gehe in die Natur. Vielleicht ruft dich ein Baum, oder du hast einen Lieblingsbaum im Sinn. Wenn du einen Baum entdeckt hast, so nimm langsam mit ihm Kontakt auf. Spüre sein Energiefeld – das Biofeld und die Atmosphäre um den Baum herum. Verbinde dich mit dem Herzschlag und mit dem Wesen des Baumes, und bitte darum, eintreten zu dürfen. Warte auf ein Zeichen, zum Beispiel ein Windhauch, der Segen eines Blütenregens, ein Zweig, der dir zuwinkt, ein Vogel, der anfängt laut zu singen.

Tritt ein, und nimm unter dem Baum Platz. Spüre den Puls, den Herzschlag, des Baumes. Wo nimmst du ihn wahr? Die Rinde, die Wurzeln, die Krone, die Blätter – nimm sein ganzes Sein wahr. Vielleicht spiegelt er dir etwas oder ruft etwas in dir wach. Vielleicht erinnert er dich an etwas. Spüre, wie du die Lebenskraft im Baum wahrnimmst. Steigt sie nach oben, oder strömt sie in die Wurzeln? Bewege dich in deiner Vorstellung immer mehr in den Baum hinein. Lasse dich führen.

Es kann sein, dass du das Baumwesen wahrnimmst, das dich führt. Dass du tief nach unten oder weit nach oben gezogen wirst. Dass du Dinge erlebst oder einfach einschläfst, um dich zu erholen.

Wenn es Zeit ist, zu gehen, bedanke dich. Frage den Baum, ob du noch etwas für ihn tun kannst. Hast du Wasser bei dir, so teile es mit ihm. Hast du Brot bei dir, so teile dieses.

DER WALD – BLUME DES LEBENS

Sinnbildlich verkörpern Robin Hood und seine Gesellen den gerechten Geist des Waldes. Sie nehmen dort, wo zu viel ist, und verteilen es an alle, die zu wenig haben. Der Wald ist ein Verteiler. Er balanciert die Energien aus, er harmonisiert unser Energiefeld und stimmt es auf die kosmischen Frequenzen ein.

Die Bäume des Waldes bilden die Blume des Lebens, wenn wir uns jeden Baum als eine Kugel vorstellen, da jeder Baum ein lebendiges Biofeld ist. Wir können in diesem mächtigen, lebendigen Feld unsere Energien ausbalancieren, uns aufladen und ausrichten. Es gibt verschiedene Baumformationen mit verschiedenen Heiligen Geometrien, die mächtige Naturkathedralen und damit Lichtsäulen weit in das Universum hinein bilden. Zwei Bäume, die links und rechts am Wegesrand stehen, sind oft wie Wächter, wie Stufen, die in andere Frequenzabschnitte eines Waldes führen. Drei Bäume bilden manchmal ein gleichschenkliges Dreieck, in dem eine erhöhte Energie wirkt. Sechs Bäume im Kreis bilden die Saat des Lebens und eine große Lichtsäule in den Himmel. Achte auf die Heiligen Geometrien, die du in einem natürlich gewachsenen Wald findest, und die damit verbundenen Frequenzen.

Übung: Die Heilige Geometrie des Waldes spüren

Wenn du das nächste Mal einen Wald besuchst, verbinde dich mit dem lebendigen Wesen des Waldes. Vielleicht findest du einen Hüter- oder Wächterbaum, einen Baum mit einer besonderen Ausstrahlung oder einen, der sich aufgrund seiner Form besonders hervorhebt. Begib dich zu diesem Baum. Höre auf seinen Herzschlag, nimm sein Energiefeld wahr, und spüre von dort aus den Herzschlag sowie das Energiefeld des Waldes. Hinterlasse eine Gabe wie Wasser, Brot, ein Gebet, einen Segen, deine Liebe und Verbundenheit, deinen Respekt, deine Achtsamkeit. Du kannst auch fragen, was sich der Baum von dir wünscht. Bitte den Hüter um Einlass und um Weisheit. Du kannst auch dein Anliegen vortragen.

TIPP

Achte auf die Heilige Geometrie und die feinstofflichen Felder im Wald. Er enthält die Weisheit und das Wissen der Heiligen Geometrie. Dir werden Tore auffallen, besondere Baumformationen, Energiefelder, Eingänge in eine andere Wirklichkeit, Herzfelder, Kathedralen und Weiteres. Probiere es aus!

DAS PILZREICH

Pilze sind Netzwerker, Informationsträger und wahre Zauberwerke der Natur.

Pilze sind spezielle Lebewesen, die das Tierreich mit dem Pflanzenreich verbinden. Es gibt sie in vielerlei Formen. Sie sind näher mit den Tieren verwandt als mit den Pflanzen. Gemeinsamer Vorfahre der Pilze und der Tiere war vermutlich ein begeißelter Einzeller. Wahrscheinlich verließen die Pilze schon vor den Pflanzen das Wasser und besiedelten das Land, sodass der Landgang der Pflanzen erst durch die Pilze ermöglicht wurde. Somit verbinden und vernetzen sie Welten. Pilze sind Teil einer jeden Flora und Fauna. Die Pflanzenwelt steht der Tierwelt normalerweise gegenüber, Pilze jedoch vereinen beide Welten.

Die Welt der Pilze liegt großteils im Verborgenen. Das, was wir im allgemeinen Sprachgebrauch als Pilze bezeichnen, sind lediglich die Hüte oder Fruchtkörper der Pilze. Der eigentliche Pilz ist ein Netzwerke aus unzähligen fadenförmigen Ausläufern im Inneren der Erde. Es gibt über 5 Millionen Arten von Pilzen. Der größte bisher bekannte Pilz ist der Dunkle Hallimasch, der mit einer Ausdehnung von bis zu 1.000 Hektar in Oregon wächst. Er gilt mit einem Gewicht von bis zu 600 Tonnen und einem Alter von 2.000 Jahren als das größte bekannte Lebewesen der Erde.

Pilze sind wahre Proteinbomben, reich an Kalium und sorgen somit für den Erhalt unseres Wasser- und Elektrolythaushalts. Pilze sind fein eingestimmt auf das gesamte Energiefeld und den Energiehaushalt der Natur. Sie leben in uns, in allem Leben, in der Natur. Meist sind sie sesshaft und ernähren sich von organischen Substanzen. Sie können plötzlich an irgendeiner Stelle auftauchen und genauso schnell wieder spurlos verschwinden. Jeder Teil ihres Organismus ist autark und zugleich verbunden. Sie sind wie das Wasser und verbinden Polaritäten in der Einheit. Sie bilden komplexe Strukturen und geometrische Muster und wirken wie kleine Antennen in andere Wirklichkeiten und Dimensionen. Sie haben einen anderen Tagesrhythmus als Tiere und Pflanzen und vermehren sich über die Bildung und Verbreitung von Sporen.

Pilze tragen je nach Standort Gift oder Medizin in sich. Sie reagieren sensibel und empfindlich auf ihre Umgebung und zeigen das Gleichgewicht und das Ungleichgewicht in der lebendigen Natur, ja, in allem Leben an. Sie können entgiften, zersetzen, abtöten, umwandeln und das Gleichgewicht in der Natur wiederherstellen und bilden eine der wichtigsten Gruppen der am Abbau organischer Materialien beteiligten Lebewesen, da sie komplexe Verbindungen aufspalten und verwerten können. Aus organischem Abfall bilden sie Humus. Pilze können aber auch Schwermetalle aufnehmen und anreichern. Viele Pilzsorten bilden Gifte, um ihren Auftrag erfüllen zu können. So gibt es Pilze, die sich erst in den letzten Jahren gebildet haben, um das Plastik in der Natur zu zersetzen. Sie nehmen die schädlichen Stoffe auf und transformieren sie.

Kommt es im feinstofflichen Energiehaushalt zu einem Ungleichgewicht, können Pilze zu Parasiten werden. Sie machen ein vergiftetes Feld sichtbar. Es gibt 180 Pilzerkrankungen allein bei Mensch und Tier, die ein Ungleichgewicht durch falsche oder giftige Ernährung im Körper anzeigen. Es gibt aber auch Pilze, die das Gleichgewicht wiederherstellen. Schauen wir uns die Vielfalt der Pilze einmal an, erkennen wir, wie unterschiedlich sie sind: Manche sind essbar, manche giftig, manche Krankheitserreger, manche Heiler, es gibt sie in Klein und Groß in allem Leben. Sie können von innen her leuchten, wirken mitunter psychoaktiv und können so unser Bewusstsein für spirituelle Ebenen und Dimensionen öffnen. In der Medizin werden sie bei komplexen Krankheitsbildern eingesetzt, um den Körper wieder in die Balance zu bringen.

Die chemische Zusammensetzung von Pilzen ist wegen ihrer Vielzahl sehr komplex. Es ist wichtig, sie als lebendige Gruppenwesen, Netzwerker und Helfer der Natur zu sehen. Pilze werden die »Kinder der lebendigen Erde« genannt. Mit ihnen kann man die Schöpfungen, die entstanden sind, auf der Tafel des Lebens löschen sowie neu erschaffen und in die Einheit weiterentwickeln.

Wie bereits erwähnt, vereinen Pilze das Tier- und das Pflanzenreich. Flora ist die Göttin der Blumen und der Pflanzenwelt. Fauna ist die Göttin der Tiere und der Tierwelten. Gemeinsam bilden sie das empfängliche und aktive Feld des Lebens aus. Die Pilze sind die Göttinnen- und Götterboten beider Welten und erhalten das Yin-Yang-Gleichgewicht der Welten. Indem wir ins Gleichgewicht der Kräfte kommen, in das Zentrum des Herzens, können wir die Einheit in allem Leben erfahren.

Wenden wir uns dem lebendigen Wesen der Pilze zu. Pilze sind mit den Anderswelten verbunden, mit den Königreichen der Erde, der Zwerge, Elfen und Elben. Sie können unerklärliche Phänomene wie Hexenringe, Tanzplätze der Feen und ein grünes Leuchten hervorbringen. Sie waren in alten Zeiten die Boten einer anderen Wirklichkeit und Dimension. Ihre Substanzen rufen Visionen, Erkenntnisse, spirituelle Erfahrungen, Ekstase, Gesänge und eine berauschende Form einer anderen Wirklichkeit hervor. Betrachten wir die Gesamtheit der Pilze als ein spirituelles, lebendiges Wesen der Einheit und des Lichts, so erkennen wir in ihnen ein natürliches weltweites lichtvolles Netzwerk, das sich durch alles Leben zieht und sehr empfindlich Harmonien und Disharmonien anzeigt. Pilze verbinden das Unsichtbare mit dem Sichtbaren. Das Pilzwesen hilft in heiligen Zeremonien und Ritualen, uns kosmisch zu entgrenzen und Gott zu schauen. Pilze wandeln zwischen Tag und Nacht, zwischen Gift und Medizin, in den Ritzen des verborgenen Seins.

Die Heilige Geometrie in den Pilzen erschließt sich aus ihrer Form. Sie vereinen Männlich und Weiblich. In ihrem Stiel, in der Kappe und in ihrer Gesamtformation sind sie immer auf die Einheit des Lebens, die Blume des Lebens, und den Herzschlag, das Torusfeld in der Natur, ausgerichtet. Ihre Form ist wie eine Merkaba, die die Polaritäten vereint, aber auch ein Ungleichgewicht sichtbar machen kann. Pilze können sich umformen und anpassen, je nach

Lebensraum und Energiegleichgewicht, und das Gleichgewicht zwischen den polaren Kräften herstellen. Sie wachsen vorwiegend in Kreisformationen, um einen Energiefluss herzustellen, und in Formation der Blume des Lebens. Ihr Leben findet mehr unterirdisch als oberirdisch statt.

Beachte die geometrische Anordnung der Pilze. Sie interagieren empfindlich und sensibel mit den jenseitigen Kräften der Natur, um ihre Harmonie zu bewahren. Sie spiegeln uns.

Impuls: Botschaft der Pilze

Kein Pilz ist zu klein, um nicht auch ein Glückspilz zu sein. Was strahlst du aus? Glückspilz oder Giftpilz? Vergiftung oder Entgiftung? Was bringst du hervor? Was ist im Gleichgewicht, was im Ungleichgewicht?

Achte auf die Zeichen der Natur, und stelle das Gleichgewicht wieder her. Alles ist wandelbar im Licht der Einheit und der Liebe. Du bist mit dem stofflichen ebenso wie mit dem feinstofflichen Wesen der Pflanzen, dem Wesen der Tiere und damit mit dem Wesen der Pilze verbunden. Alle Kräfte sind in dir. Aktiv, passiv, im Gleichgewicht, im Ungleichgewicht. Pilze leben in dir.

Du kannst geistig in der Meditation oder auf der schamanischen Reise mit dem spirituellen Wesen der Pilze in Kontakt treten, um Energiefelder auszubalancieren und die Harmonie wiederherzustellen. Probiere es aus. Achte auf deine Yin-Kräfte (entspannend, empfangend, seiend) und auf deine Yang-Kräfte (machend, tuend, umsetzend). Im Gleichgewicht der Kräfte webt sich die Lebensenergie.

DAS TIERREICH

Tiere sind unsere älteren Brüder und Schwestern. Wenn wir unser Herz öffnen für die Königreiche dieser Erde, werden wir das Göttliche in allem lieben und erkennen. Über die Heilige Geometrie sind wir miteinander verbunden, ja, wir bestehen aus allen Reichen. Wir können Welten verbinden und somit aus der Trennung in die Einheit allen Lebens zurückfinden.

Der Begriff »Fauna« bezeichnet die Gesamtheit aller Tiere in einem bestimmten Gebiet. Faunus ist der altitalische Gott der Natur und des Waldes. Er zeigt sich in vielerlei Gestalten. In der griechischen Mythologie entspricht er Pan. Sein weibliches Gegenstück ist Fauna. Er wird gern als gehörnter Waldgeist mit Flöte oder Panflöte dargestellt. Er bringt Tier und Mensch Fruchtbarkeit, erschreckt die Menschen auf vielerlei Weise durch sein plötzliches Erscheinen, in Träumen und auf anderen Ebenen und gilt auch als Gott der Vorhersage und Weissagung. Er erinnert uns an die Einheit des Lebens.

Die Tierwelt weist ein breites Spektrum von geometrischen Formen auf, von ganz einfachen Formen wie der Kugel bis hin zu sehr komplexen Formen, Mustern, Schwingungen und Vibrationen, von den Einzellern und Mikroben bis zu höchst komplexen Tierwesen. Ihre Geometrie ist eins mit allem Leben und der ewigen Liebe. Aus dem Tierreich entwickelte sich das Menschenreich. Wir sind demnach Teil des Tierreiches und zutiefst mit ihm verbunden. Wir tragen Instinkte und Fähigkeiten in uns, die weit über die menschlichen Grenzen hinausgehen und die wir in der Gegenwart eines Tieres entwickeln können.

Tiere wurden uns als Helfer für unsere Entwicklung an die Seite gestellt. Sie sind Teil von uns und als solche Lehrer und Meister, die uns höchste Schwingungsräume eröffnen und uns auf geistiger Ebene führen. Die Tierwesen sind Hüter der Urmuster und Urstrukturen, Formen und Farben und der wache Vital- und Gefühlsaspekt des Lebens. Sie spiegeln die Harmonie, die Disharmonie und die wache Vitalität, den Lebensgeist unserer Seele, wider. In ihrer komplexen Geometrie kann man verstärkt die platonischen Körper der Elemente, in denen das Tier verwurzelt ist, erkennen, aber auch den Goldenen Schnitt und andere heilige Strukturen sowie das Muster des Lebens, das sich in allem Leben webt. Tiere erzeugen durch ihre Bewegungen einfache bis komplexe Muster und Felder. Sie öffnen die Herzfelder mit ihrem Flügelschlag. Sie können Plätze aufspüren, reinigen und klären. Der Spiralwirbel ihres Herzfeldes kann linksdrehend und rechtsdrehend sein. Sie können duale Energien in der Einheit ausrichten. Sie rollen sich ein und rollen sich auf. Sie kreisen mit den Auf- und Abwinden in der Luft und bauen reinigende und lichtvolle Schwingungsfelder auf. Sie tragen

Schwingungsmuster auf ihrer Haut, in ihrem Fell, auf ihrem Panzer, in ihren Federn. Die Schildkröte beispielsweise trägt als Symbol der Erde das Dodekaeder auf ihrem Panzer. Sie symbolisiert den Bauch von Mutter Erde. In Hawaii gehört sie zu den Schutztieren für Babys. In Asien steht sie für ein langes und glückliches Leben. Sie zeigt uns Rückzug und Langsamkeit, aber auch eine gute sowie schnelle und sichere Navigation im Wasser, was auf göttliche Führung und Schutz hinweist. Ameisen bauen tetraederförmige Hügel. Vögel fliegen in bestimmten Mustern und Formationen und können uns darüber komplexe Zeichen übermitteln. Fische und Vögel organisieren sich in Schwärmen und erinnern uns an die Schwarmintelligenz der Einheit, die auch wir in uns tragen. Bienen errichten hexagonale Wabenformen, um das flüssige Gold der Natur zu erschaffen. Sie erzeugen einen summenden Ton, der alle Atome und Zellen harmonisiert und uns tiefe Einheitserfahrungen schenken kann. Vögel transportieren Samen weit über das Wasser, um die Natur fruchtbar zu machen. Delfine schwimmen stromlinienförmig in komplexen geometrischen Mustern, helfen uns im Lichtkörperprozess und können Dimensionstore in andere Welten öffnen. Singvögel erinnern an die Engelreiche, Schmetterlinge an die Seelen, die ins Licht gegangen sind, und die Einheit des einen Geistes.

Impuls

Beachte das Gesamtmuster und die Gruppenseele einer Tiergruppe, erfasse diese aus einem erweiterten Blickwinkel, vom Sichtbaren bis in das Unsichtbare, von einfachen bis zu lebendigen und komplexen Geometriemustern. Tiere tragen hochwirksame Heilkräfte in sich, um uns zu erinnern. Beobachte die Muster und Formen, die sich dir in der Natur zeigen. Im lebendigen Feld wirst du die Genialität und die Verbundenheit mit der Einheit durch die Heilige Geometrie entdecken, Tore und neue Erkenntnisse werden sich dir öffnen, und du wirst neue Zugänge zur Weisheit der Natur erhalten.

Impuls

Achte auf die Energiebewegungen, die Schwingungen und die Muster, die die Tiere durch ihre Bewegungen in ihrer Umgebung erzeugen. Male sie auf, und folge ihnen. Du wirst erstaunt sein, was du plötzlich alles wahrnehmen und entdecken kannst.

Es gibt im Tierreich 36 Stämme. Sie können in evolutorischer Abfolge angeordnet werden. Insekten, Vögel, Säugetiere, Reptilien, Amphibien, Fische, Krebstiere, Tausendfüßler, Ringelwürmer, Weichtiere, Hohltiere, Schwämme, Säugetiere, Nagetiere … Es gibt über zwei Millionen Tierarten auf der Erde und viele weitere unentdeckte Arten in den Urwäldern und in der Tiefsee. Tiere arbeiten auf sehr verschiedenen Ebenen des Seins und haben unterschiedlichste Aufgaben. Sie sind für unsere Antriebskraft, unsere wachen Instinkte, tiefes inneres Wissen, Vitalaspekte, Kraft und Gefühlsaspekte zuständig. Sie wirken mit allen Reichen im Zusammenspiel, um Gleichgewicht in der Natur herzustellen und die kosmische Ordnung zu erhalten. Hier wird klar, wie eng unser Sein mit den Tierwelten verbunden ist. Alles, was wir in der Tierwelt anrichten, tun wir uns selbst an.

TIER & MENSCH

M – Macht und Würde des Löwen
A – Adlerblick, der aus der Einheit wirkt
G – Gemütlichkeit des Bären, der an die Rhythmen des Lebens erinnert
I – Imagination, Sternenwissen und kosmische Träume der Delfine
E – Einheit und Reinheit des Einhorns im Licht des Seins

In alten Zeiten waren heilige Tempel eingebettet in die Natur, meist an heiligen Flüssen oder Gewässern. Diese Tempel waren verbunden mit dem Kosmos und allen Königreichen dieser Erde, wodurch Zeremonien, die in ihnen stattfanden, ALL-UMFASSEND und besonders Segen bringend waren. In jedem Tempel gab es Tiere, die unter der liebenden Obhut der Menschen standen. Sie waren Spirit, Geist und Form einer größeren Gottheit. Wir finden heute noch weltweit viele Tiergottheiten in den alten Tempelstätten. Diese verfügen über magische Eigenschaften und große Kräfte, die weit über das menschliche Verständnis hinaus bis in die Ewigkeit reichen. Denke an Anubis (ägyptischer Hundegott), Sachmet (Löwengöttin), Sobek (Krokodilgottheit), Hanuman (indischer Affengott), Ganesha (indischer Elefantengott) usw. Bei den indigenen Völkern Amerikas gibt es verschiedene Clans, die mit Tiergottheiten verbunden sind: Einhornclan, Zweihornclan, Hundeclan, Donnervogelclan, Froschclan usw. In zahlreichen Kulturen finden wir alte Tiermasken und -verkleidungen, mit denen die Götter der Tiere herbeigerufen wurden, um die vitale Kraft in allem zu stärken. Tiere wurden verehrt, wie heute noch die Kuh in Indien, und in vielen heiligen Handlungen miteinbezogen. Sie galten als Gottheiten, Lehrer, Führer, Meister und Hüter der Geistigen Welt. Viele Gottheiten und Meister zeigen sich heute noch in den Tieren, so wie Christus in Form des Hubertus-Hirsches, Pele in Form eines weißen Hundes, Freya in Form des Falken usw. So sind Tierwesen mit viel höheren Ebenen und Dimensionen verbunden.

Denke einmal darüber nach. Welche Tiere liebst du? Welche Kräfte sind mit ihnen verbunden? In welcher Tiergottheit spiegeln sich deine Eigenschaften im höchsten Maß?

Jeder Mensch hat ein Seelentier. Dieses Seelentier begleitet ihn von der ersten Sekunde an durch sein Leben und steht ihm auf der geistigen Ebene bei. Weiter haben wir Krafttiere, Helfertiere und andere großartige Lehrer auf den geistigen Ebenen. Sie zeigen uns unsere Instinkte und Vitalaspekte, unsere Lebenskraft, an. Im Einklang mit den Tieren heilt und öffnet sich unsere Seele, fühlt sich verbunden, lebendig und frei, weit über den begrenzten Geist hinaus.

Wie oft erheben wir uns heute über den Geist der Tiere, sehen sie als dumme, nicht fühlende und nicht denkende Wesen an? Wir betrachten sie aus dem trennenden Verstand statt aus dem liebenden, verbundenen, lebendigen Wesen des göttlichen Geistes, dabei sind Tiere ganz besondere Wesenheiten. Sie benutzen die rechte und linke Gehirnhälfte gleichzeitig und kommunizieren telepathisch über Muster, Lieder und Laute miteinander. Sie besitzen hohe geistige Fähigkeiten und sind besonders lern- und anpassungsfähig.

Tiere haben eine Gruppenseele und nur begrenzt eine individuelle Seele. Die Gruppenseele ist ein hohes, geistiges, fortschrittliches Wesen, das tief in der Einheit verwurzelt ist und den tiefen Wunsch in sich trägt, andere Wesen in der gesamten Entwicklung zu unterstützen. Tiere sind Teil unserer göttlichen Natur. Sie spiegeln unser Wesen wider. Sie können Disharmonien übernehmen, um uns zu beschützen und zu heilen. Wir können mit ihnen im Einklang leben, mit ihnen auf der inneren Ebenen wirken und wandeln, wenn wir sie wieder als geistige Wesenheiten erkennen.

Im Inkarnationszyklus kann ein Tier auch als Mensch inkarnieren. Zurzeit kommen zum Beispiel viele sogenannte Delfinkinder auf die Welt, die mit einer enormen Lernfähigkeit und hohen telepathischen Kräften ausgestattet sind, sich in vieles hineinbewegen können, sich frei in Gruppen verbinden und vieles revolutionieren werden. Sie lieben das Wasser und jede Art der fließenden Fortbewegung (Skateboard, Inlineskates, Snowboard, Schlittschuhe …)

Die höchsten Schwingungen unter den Tieren haben Singvögel und Kolibris, Bienen, Schmetterlinge, Wale, Delfine, Pferde und andere wundervolle Tierarten. Wir erzeugen durch unser Sein, unsere Gedanken, Gefühle und Handlungen ein Feld, das den entsprechenden Tiergeist verstärkt in unser Leben zieht. Keine Begegnung basiert auf Zufall. Tiere senden uns eine einzigartige Botschaft und Zeichen aus höheren Welten.

Impuls

Nimm dir Zeit, dich in den Tiergeist hineinzufühlen. Beobachte die Tiere. Sie leben im Hier und Jetzt.

Zu welchen Tieren hast du einen besonderen Bezug?
Welche Tiere haben dich in deinem Leben bisher begleitet?
Welche Erlebnisse hattest du bisher mit Tieren?
Was hast du von ihnen gelernt?
Was schenken sie dir?
Welche Gefühle lösen sie in dir aus?
Welchen persönlichen Bezug hast du zu Tieren?

Wir können Tiere töten, doch wir können kein lebendiges Tier erschaffen, trotz großer schöpferischer Kräfte in uns. Manchmal plagt uns das schlechte Gewissen gegenüber der Tierseele. Warum? Weil wir die Liebe und das Mitgefühl unseres Herzens erkennen, die uns in den Tieraugen und -seelen widergespiegelt werden. Gerade Jäger pflegten in früheren Zeiten einen sehr achtsamen Umgang mit Tieren, verbanden sich mit dem Tiergeist, bevor sie auf die Jagd gingen. Sie verwendeten alle Teile eines Tieres. In Zeremonien bezogen sie den Tiergeist mit ein und gaben auf diese Weise etwas zurück.

Es geht um ein achtsames, nach innen gerichtetes, wertfreies Miteinander von Mensch und Tier, in dem sich das offenbart, was wir für unsere Entwicklung hier und auf der geistigen Ebene brauchen.

Impuls

Was wäre, wenn im karmischen Rat, den wir nach unserem Ableben hier auf Erden auf dem Weg in das ewige Leben aufsuchen, um Lebensrückschau zu halten, ein Vertreter des Tierreichs wäre, der alle Handlungen und deinen Umgang mit Tieren aufgezeichnet hätte? Wie würde es dir ergehen? Was würdest du aus dieser erweiterten Perspektive an deinem Umgang mit Tieren ändern wollen?

Du kannst über dein Herz mit der Deva und der Gruppenseele eines Tieres in telepathischen Kontakt treten. Verbinde dich über dein Herzzentrum mit dem Herzzentrum des Tieres. Spüre seinen Atem und seinen Herzschlag. Über das Herz kannst du telepathisch kommunizieren, Fragen stellen und Antworten oder tiefe Einsichten erhalten.

Halte jetzt Rückschau mit den Hohen Wesen der Tiere. Mit der Deva, der engelsgleichen Gottheit der Tiere. Gegebenenfalls führe eine kleine Dankes- oder Vergebungszeremonie durch, und besinne dich auf den lebendigen Umgang mit dem Wesen der Tiere. Frage das hohe Devawesen der Tiere, wie du deinen Umgang mit Tieren, zum Beispiel in Bezug auf deine Ernährung, stärker im Einklang mit den Kreisläufen der Natur gestalten kannst.

Wenn wir etwas aus ihren Reichen erhalten, so geben wir etwas zurück. Einen Segen, einen Dank, eine lichtvolle Handlung. So einfach ist das!

Übung: Ein Gebet für Tiere

Sprich: »Oh göttliche Gegenwart, nimm unser Gebet für unsere Brüder und Schwestern, die Tiere, an. Ich bitte für alle Tiere, die leiden, dass ihr Leiden aufhört, dass wir uns auf unser liebendes Herz besinnen, zu Freunden werden und einen neuen Umgang im Einklang mit allen Reichen finden. Mögen alle Wesen und alle Welten glücklich sein.«

Halte für zehn Minuten eine neue Vision im Umgang und im Einklang mit den Tierreichen. Segne die Tiere, und nimm sie in deine Gebete und Gedanken auf. Halte dich nicht mit alten Bildern auf, sie sind die Relikte einer alten Zeit. Beginne bei dir selbst. Wir sind die Veränderung und können neue Impulse und Samen setzen.

Übung: Reise zu deinem Seelentier/Krafttier

Wenn du mit den Tieren sprichst,
werden sie mit dir sprechen,
und ihr werdet euch kennenlernen.
Wenn du nicht mit ihnen sprichst,
dann werdet ihr euch nie kennenlernen.
Was du nicht kennst, wirst du fürchten.
Was du fürchtest, zerstörst du.
(Häuptling Dan George)

Gib deinem Seelentier/deinem Krafttier einen Platz in deinem Leben. Tiere im Äußeren und im Inneren verstärken die Vitalaspekte und lehren uns Kräfte, die weit über den menschlichen Verstand hinausgehen und in der Einheit wurzeln.

Wenn du dein Seelentier/dein Krafttier kennst, so lasse dir seine geometrischen Muster, Energiebewegungen und geometrischen Formen zeigen, die der Schlüssel für die Tore in höhere Welten sind. Auf diese Weise lernst du neue Aspekte deines Krafttieres kennen und erhältst einen dauerhaften Zugang zu höheren Welten. Du wirst Eingänge und Zugänge, Dimensionstore und Kraftplätze aus einem anderen Blickwinkel wahrnehmen (zum Beispiel Einhorn – gedrehtes Horn, Lichtspirale, Herzplätze und Torusfelder, Lichtsäulen in der Natur).

Krafttierkontakt
Du kannst in die Natur gehen oder dir in deinen Räumen einen Platz der Ruhe schaffen. In der Natur zeigt sich oft die Seele der Tiere, sie öffnet, verstärkt und unterstützt die Reise zu deinem Krafttier.

Wähle einen Eingang in die Untere Welt, die Welt der vitalen Kraft (Baumwurzel, Brunnen, Erdloch, Wasserwirbel). Begib dich aus dem Kopf durch den Hals in den Raum deines Herzens. Bewege dich noch stärker in den geistigen Raum deines Herzens hinein. Komme in deinem Zentrum an. Bereite dich auf deine Reise in die Welt der Kraft vor, indem du dich mit einer Intention ausrichtest. Nun bewegst du dich noch weiter nach unten und kommst in einer Landschaft an, die deiner Seele entspricht. Hier kannst du dein Krafttier bitten, sich dir zu zeigen. Du kannst fragen, ob es dein Krafttier ist. Wenn ja, wird es sich dir deutlich drei- bis viermal von verschiedenen Seiten zeigen oder du verwandelst dich selbst in das Tier. Lasse dich mitnehmen.

Achte auf das, was dir gezeigt wird, auf geometrische Muster und Formationen, Tore und Zugänge. Du kannst mit deinem Tier telepathisch kommunizieren, ihm Fragen stellen, dich von ihm führen lassen.

Am Ende der Reise bedanke dich bei deinem Tier. Du kannst es auch nach seinem Namen fragen. Segne es, und kehre zurück in dein Zentrum. Wenn du wieder da bist, notiere dir deine Erfahrung.

DAS MENSCHENREICH

Gott wartet in den Menschen auf sein Erwachen.

Die Liebe, die wir in unserem Herzen tragen,
ist die Fackel, die die ganze Welt erhellt.
In der Liebe sehnen wir uns nach Glück,
spüren wir Freude und Trauer, manchmal ohne Grund.
Wir wachsen in unsere Größe hinein
und steigen auf in unser Höchstes Selbst.

Der Urbauplan des Menschen ist kosmischer Natur. Der Mensch war einst auserkoren, die zehnte Hierarchie Gottes zu werden – Adam Kadmon, der Gottmensch, der im Christusbewusstsein, im Liebesbewusstsein erwacht, der selbstbewusste Mensch. Doch er verlor im Laufe der Evolution folgende drei göttliche Eigenschaften: Unsterblichkeit, Weisheit und Glückseligkeit. Das »Göttliche« wartet in uns auf sein Erwachen. Adam Kadmon ist die Entwicklung zur Gottmenschwerdung. Indem dies geschieht, geschieht etwas Neues, noch nie dagewesenes im Universum. Das gesamte Universum, das über die drei Evolutionslinien im Menschen verbunden ist, kann sich über die Heilige Geometrie in eine neue evolutionäre Stufe, in ein neues vollständiges Liebesbewusstsein erheben. Dieser Schritt steht bevor. Geistesschulung und Herzensbildung sind Disziplinen der Zukunft. Als Schöpfer und im Schöpferbewusstsein können wir erlösen, wandeln und uns wieder in das höchste Licht der Liebe und das Paradies erheben. Christus, das ewige Licht, ist Erlösung. Er ist das ewige, lebendige Liebeslicht im Zentrum unseres Herzens.

Der Mensch ist Körper, Geist und Seele und gemäß der vollkommenen Gestalt des Gottesmenschen, Adam Kadmon, in Triaden aufgebaut.

GEIST

Unser Kopf ist eine Triade aus Weisheit, Intelligenz und Krone. Wir sind über unsere Lichtkrone mit der Ewigkeit des Lichts und unserem höheren Wesen verbunden sowie mit der Weisheit und Intelligenz des Kosmos. (Unser kosmisches Wesen)

SEELE

In unserer Brust leuchtet das göttliche Atom – das Sonnenkind, unser ewiges, unantastbares, reines Wesen. Der rechte Arm ist verbunden mit Güte, Barmherzigkeit und Tatkraft. Der linke Arm ist verbunden mit Segen, Liebe, Harmonie und Schönheit. Zusammen bilden auch sie eine Triade. Unsere Hände lenken und leiten aus dem Herzen heraus, dem Kern unseres ewigen Wesens. (Der Raum der Liebe, in dem sich Welten, Ebenen und Dimensionen in der Einheit, im Ursprung, verbinden)

KÖRPER

Die dritte Triade wird gebildet aus den Genitalien, dem Fundament und den Wurzeln, verbunden mit der Quelle des ewigen Lebens, und den Beinen. Das rechte Bein schenkt Stabilität und Festigkeit. Das linke Bein steht für die Liebe und Achtung gegenüber allem Leben. Alle Götter und Göttinnen in alten Zeiten schreiten in der Liebe voran, das linke Bein führt. Die linke Seite steht für Allverbundenheit, Liebe, Segen, Weiblichkeit. Beine und Geschlecht bilden eine Triade, die Schöpfung und Königreich bedeutet. (Elementarwesen, Naturwesen)

Erkenne dich sebst! In der Geistigen Welt sind wir reines, pures Licht. Wenn wir keinen physischen Körper haben, so existiert Geschlechtlichkeit nicht. Wir sind alle gleich, wir sind alle gleichermaßen stark, ewig und mächtig. Wir entscheiden uns, je nachdem, welche Erfahrungen wir machen wollen, als Mann oder Frau in die materielle Welt hineingeboren zu werden. Jedoch ist kein Geschlecht dem anderen über- oder unterlegen. Es ist sogar so, dass das weibliche und das männliche Geschlecht von der Geometrie her identisch sind und perfekt ineinander passen, um eine Lichtsäule zu bilden, in der alle Ebenen miteinander verschmelzen, und Licht aus den höchsten Ebenen zu kanalisieren. Damit ein Menschenkind entsteht, müssen sich 76.000 Lichtbahnen öffnen. Das Leben ist ein Wunder und noch lange nicht in seiner unendlichen Schönheit und Größe erforscht.

Im Zusammenspiel der beiden großen Kräfte des Universums entsteht ein vollkommenes Ganzes, das größer ist, als wir es je begreifen können. Beenden wir den Kampf der Geschlechter und stärken beide Seiten in uns und in der Welt, damit neue Schritte in der Evolution möglich werden.

Selbsterkenntnis und Selbstermächtigung im gemeinsamen Wirken sind der Weg in die Balance und in ein neues Werden.

Übung: Lotos – das erwachte Bewusstsein

Konzentriere dich auf dein Kronenzentrum. Atme diamantenes Licht dorthin. Konzentriere das Licht, und spüre, wie sich der tausendblättrige Lotos am Kronenzentrum zu öffnen beginnt. Immer weiter und heller. Licht strömt ein. Spüre die direkte Verbindung zu deinem Hohen Selbst und zur Quelle. Nun lasse die Lotosblüte langsam und achtsam in deinem Energiefeld, von Energiezentrum zu Energiezentrum, nach unten wandern.

Zuerst zwischen Kronenzentrum und Drittes Auge: Nimm die Bewegung, die Reinigung und die Öffnung aller Zellen wahr.

Weiter zwischen Drittem Auge und Halschakra: Nimm die Bewegung, die Reinigung und die Öffnung aller Zellen wahr.

Weiter zwischen Hals und Herz: Nimm die Bewegung, die Reinigung und die Öffnung aller Zellen wahr.

Weiter zwischen Herz und Solarplexus: Nimm die Bewegung, die Reinigung und die Öffnung aller Zellen wahr.

Weiter zwischen Solarplexus und Bauch: Nimm die Bewegung, die Reinigung und die Öffnung aller Zellen wahr.

Weiter zwischen Bauch und Wurzel: Nimm die Bewegung, die Reinigung und die Öffnung aller Zellen wahr.

Weiter bis unterhalb der Fußsohlen: Nimm die Bewegung, die Reinigung und die Öffnung aller Zellen wahr.

Hast du diese Übung konzentriert und gut vollzogen, so fühlst du dich leicht, beschwingt, glückselig, freudvoll, in der Fülle des Seins, getragen und geführt.

Lasse dich vom gestern Geschaffenen nicht abhalten, sondern besinne dich auf deine schöpferischen Kräfte, die eine neue Wirklichkeit formen, im Hier und Jetzt, in dir und in allem. Unsere natürlichen Fähigkeiten sind Vorstellung, Träume, Worte, Gefühle, Taten, kreativer Ausdruck in Bewegung und vieles mehr. Vielleicht sehen wir die Früchte, die aus den Samen erblühen, die wir säen, nie selbst, doch ohne Samen keine neuen Früchte. Halte Unmögliches für möglich. Träume, imaginiere, und gehe deinen Weg auf Erden im Einklang mit dem ewigen Licht in deinem Herzen.

Wir sind Geist in der Verkörperung und damit das Licht in dieser Welt sowie in vielen anderen Welten, die mit unserem Sein verbunden sind. Viele hilfreiche Kräfte begleiten und führen uns auf unserem Weg. Wir sind nicht allein.

Impuls

Welche Menschen in der Geschichte bewunderst du?
Welche Menschen haben die Welt für immer verändert?
Welche Menschen inspirieren dich heute?
Was möchtest du in welchem Gebiet voranbringen?
Welche Menschen haben hier ihre Visionen, ihren Herzensauftrag, verwirklicht? Was hat sie geführt? Welcher Impuls hat sie getragen?
Was resoniert mit dir? Wo ist dieser Impuls in dir?
Was möchtest du in diese Welt bringen?
Was sind deine Träume und Visionen?
Welche Gaben, Talente und Fähigkeiten möchtest du noch stärker schulen und in die Gemeinschaft einbringen?
Was sind erste mögliche praktische Schritte zur Umsetzung deiner Gaben?

Alles, was du in der Welt erblickst, spiegelt auch Anteile in dir. Du bist einzigartig und unnachahmlich, deshalb kannst du etwas ganz Besonderes auf die Welt bringen. Einen gedachten Gedanken, ein noch nie dagewesenes Lied, ein Gedicht, eine Geschichte, die nur du erzählen kannst, weil du sie erlebt hast, Erkenntnisse, die dich geformt haben, durch die die Weisheit des Universums schimmert und die andere im Herzen berühren. Unterschätze nicht die immensen Kräfte, die dir innewohnen, die dich tragen und führen, wenn du dich ihnen im Inneren zuwendest und dich auf das höchste Licht, Gott (Vater, Mutter und Kind in einem), ausrichtest.

Der Mensch ist mehr als sein stofflicher Körper. Er lebt in einer sterblichen Form, die eine unsterbliche mikrokosmische Kugel in sich birgt. In seinem Herzen, in der fünften Kammer, gibt es einen göttlichen, ewigen Kern, das Uratom. Darin ist das gesamte Universum enthalten. Hierin tragen wir den Schlüssel zu unserem Heim im Kosmos. Es ist die Erinnerung an die göttliche Welt, aus der wir stammen und in die wir zurückkehren werden.

Der Liebesfunke in unserem Herzen kann wieder in das ganze Sein ausgedehnt werden, dadurch wird unsere körperliche Erscheinung zum Herzzentrum unseres Höheren Wesens. Wir beginnen, zu erwachen und uns zu erlösen vom Fall der Menschheit in die Trennung. Durch die Liebe erschafft sich der Seelenkörper neu und erschließt nach und nach die Einheit allen Seins und neue Dimensionen des Bewusstseins. Wir können den Bewusstseinssprung vollziehen, und durch den neuen Liebeskörper/Seelenkörper beginnt die Reise in die universelle Einheit und darüber hinaus in die galaktischen Ebenen. So wachsen wir von Licht zu Licht, von Herrlichkeit zu Herrlichkeit, von Ewigkeit zu Ewigkeit und erwachen im Paradies, aus dem wir stammen. Es ist unser freier Wille und unser Entschluss, in die göttliche Welt zurückzukehren, uns wieder mit allem Sein in der Einheit zu verbinden und uns von innen heraus wahrhaft und vollkommen zu verwandeln.

Ziehe drei goldene göttliche Sonnenkreise um dich, wenn du eine Säule des Lichts in allen Ebenen und Dimensionen errichten möchtest. Wirke mit Metatrons Würfel, wenn du Felder in allen Ebenen ausbalancieren und harmonisieren möchtest. Verwende die Blume des Lebens für alle Muster in der Natur, für Beziehungsmuster, für neue Gruppengefüge usw. Im neuen Wir können wir die Blume des Lebens aufbauen, indem jeder sein Herzfeld (Torusfeld) aufbaut, sein Biofeld harmonisiert und abgleicht und indem sich jeder, in seinem Lichtfeld stehend, in Harmonie verbindet. In der Gruppe werdet ihr augenblicklich eine ganz neue Ausrichtung spüren. Jeder für sich selbst, in seinem einzigartigen Sein und Führungssystem, doch verbunden in der Einheit, verstärken sich die Energien um das Tausendfache. Wir können auf diese Weise ganz neue Erfahrungen – allein und im Miteinander – erschaffen. Wende die Heilige Geometrie bewusst im Alltag an.*

* In meinem Buch »Heilige Geometrie in Aktion« (Schirner Verlag, 2018) habe ich ein paar praktische, sehr wirkungsvolle Übungen beschrieben. Erforsche und erlebe sie selbst.

Übung: Der Venusstern

»Von Natur aus
sind die Menschen fast gleich.
Erst die Gewohnheiten
entfernen sie voneinander.«
(Konfuzius)

Hast du dich jemals gefragt, warum wir Menschen so geschaffen worden sind, wie wir sind? In den meisten Fällen sind wir gleich aufgebaut. Kopf, Herz, Bauch, Hände, Füße sind an derselben Stelle und lediglich in unterschiedlichen Maßen vorhanden. Auch unsere Vorfahren waren in diesem Muster erschaffen, und unsere Kinder und Kindeskinder werden wieder nach diesem Muster erschaffen sein, nur mit einem »inneren Update«, das der Evolution bzw. dem nächsten evolutionären Schritt entspricht. Wir alle sind gemäß der Quadratur des Kreises, des Goldenen Schnitts, der Fibonaccifolge und des Venussterns aufgebaut. Der Aufbau des Menschen folgt einem geometrischen Plan. Der Mensch kann sich als das, was er ist, wiedererkennen, wenn er alle künstlich geschaffenen Felder beiseiteschiebt. Wir sind gemäß der Heiligen Geometrie aufgebaut. In einem heiligen Maß der Natur, das sich vom Göttlichen bis ins kleinste Atom wiederfindet.

Den Venusstern aufbauen

Spüre in deinen Körper hinein. Wo befindest du dich jetzt in diesem Augenblick in deinem Körper? (Die meiste Zeit sind wir im Kopf verhaftet.)

Nimm deine Arme nach oben, und lasse deine Fingerspitzen sich über deinem Kopf berühren. Strecke nun deine Arme durch, sodass sie zusammen mit deinen Schultern ein lang gezogenes

Dreieck bilden. Am höchsten Punkt, dort, wo sich die Mittelfinger berühren, beginnt das Einheitsfeld. Von hier aus strömt die Energie der Einheit in die Polarität hinein. Atme zu diesem Punkt hin ein. Du kannst dir dabei goldenes oder brillantes, diamantenes Licht vorstellen.

Löse nun deine Hände voneinander, und ziehe sie an deinen Körperseiten entlang bis nach unten in die tiefste Polarität. Stelle dir dabei vor, wie das Licht der Einheit in deine männliche und in deine weibliche Seite fließen. Atme ein und aus. Verweile in dieser Haltung. Deine Arme und Hände zeigen links und rechts nach unten und bilden in der Verlängerung mit dem Boden ein Dreieck.

Bringe nun deine Hände aus der Dualität in die Einheit deines Herzens. Berühre hierfür die linke Hand berührt die rechte Schulter. Die rechte Hand berührt die linke Schulter. Deine Arme bilden eine liegende Acht, das Zeichen der Unendlichkeit, vor dem Herzen. Liebe ist ewig und unendlich. Sie hat keinen Anfang und kein Ende. Dort, wo sich deine Arme kreuzen, befindet sich die fünfte Herzkammer, in der sich die polaren Kräfte vollständig neutralisieren. Halte diese Position. Liebe dich selbst. Passe auf dich auf. Hüte dein Sein. Umarme dich in der ewigen Liebe. Stelle dir vor, wie du dich vollständig in dem Licht, das du gewählt hast (gold oder brilliant, diamant) auflädst und immer heller und strahlender wirst.

Wenn du vollständig von diesem Licht aufgeladen bist, löse deine Position, und strecke deine Arme nach links und rechts aus, sodass sie waagrecht nach außen zeigen. Öffne dich nun für die Liebe zu allem Leben.

Wiederhole diese Zeichnung des Venussterns drei- bis fünfmal. Dann spüre in deinem Körper nach. Der Kopf dürfte jetzt leer

– ein empfangendes Gefäß für die höchste Weisheit – und dein Herzfeld angefüllt sein mit pulsierender, strahlender Lebensenergie. Du bist ganz bei dir und nicht mehr woanders und doch vollständig mit dem lebendigen Feld verbunden.

Diese Übung kannst du jederzeit machen, um dich mit deinem inneren Führungssystem zu verbinden, ruhig zu werden und noch tiefer in die Meditation zu kommen, zum Beispiel um in spirituelle Übungen wie Yoga, Qi Gong usw. zu gehen. Du wirst sehen, dass mit ihr alles viel leichter und im Flow ist. Liebe ist leicht, losgelöst, ja, fast schwerelos.

DAS ENGEL- UND DAS MEISTERREICH

Der goldene Schlüssel in die Reiche der Engel und Meister, ist die Heilige Geometrie, die alles umspannt, alles verbindet, von den unsichtbaren Ebenen in die sichtbaren Formen führt und zurück, die Unterschiede ausbalanciert, Gegensätzliches rhythmisch und harmonisch in Schwingung versetzt, Disharmonien erlöst und umwandelt und uns an die Einheit allen Seins, an die Urquelle, aus der alles Leben stammt, erinnert.

Die sphärische Geometrie wird auch Kugelgeometrie genannt. In der Kugel ist alles enthalten. Die Kugel enthält die Blume des Lebens und durchdringt, durchströmt und verbindet alle Ebenen und Dimensionen im Einklang mit dem göttlichen Plan. Alles ist

Energie. Vom Atom bis zu den Sternensystemen ist alles in Kugelform aufgebaut. Von winzig kleinen Punkten bis zu großen Kugeln. Wo findest du die Kugel überall?

Das Engel- und das Meisterreich ist eng mit dem Menschenreich verwoben. Das Meisterreich ist aus dem Menschenreich hervorgegangen. Seine Geometrie stammt aus den Schöpferebenen. Viele Lichtwesen aus höheren Dimensionen wirken ausschließlich in der Heiligen Geometrie. Ich konnte beobachten, wie Meister- und Engelsschwingungen heilige Lichtfelder und Geometrien um uns herum und in uns aufbauen, um uns bis in die höchsten Dimensionen hinein zu verbinden, damit wir als »Säule des Lichts«, als Mittler zwischen Himmel und Erde, aus dem Lichtgeist heraus dienen und wirken können. Heilige Geometrie ist lebendiges Licht in seiner ursprünglichen Form und kann alles in die höchsten Lichtformen der Einheit, der Urquelle, zurückdrehen. Jeder Körper ist in perfekter Geometrie aufgebaut und vom lebendigen Licht durchströmt. Beginne, in der Geometrie zu wirken. Verbinde dich zuerst auf deine Weise mit den lebendigen Kräften des Lichts, mit Meister Melchizedek, Jesus Christus, Mutter Maria, Metatron, Shekina, mit den Elohim, Seraphim, Erzengeln und Engeln, den Devas und Naturdevas, den Elementarwesen. Sie werden dich führen und anleiten, da sie in die Einheit des Lichts eingebunden sind. Die Geome-

trie verstärkt und harmonisiert uns und alles, was mit uns sichtbar und verborgen verbunden ist. Sie wird dir ganz neue Impulse und Sichtweisen übermitteln.

Hier nun ein kurzer Einblick in die Lichtgeometrie der Meister und Engel, in die sieben Hauptstrahlen und Hauptsäulen des Lichts. Tatsächlich gibt es für jede noch so geringe Abweichung der Farben wie Blau, Hellblau, Königsblau, Dunkelblau, Blauviolett usw. eine Geometrie. Wisse, dass es des Weiteren verborgene und noch viel komplexere Muster gibt, mit denen wir in Verbindung mit den höchsten Welten wirken können, um die vollständige Lichtstruktur zu erwecken, zum Beispiel das Sri Yantra, das Lakschmi-Diagramm, usw. Hier also nur ein Kurzüberblick über die Anwendung der Lichtgeometrien der sieben Strahlen, die in alle Königreiche der Erde eingewoben sind. Von den Sternen bis tief in die Ozeane finden wir zum Beispiel kristallinweißes und blaues Licht.

Blaues Licht

Meister: *El Morya*
Engel: *die Elohim des blauen Strahls*
Erzengel & Archaii: *Erzengel Michael & Lady Faith*
Devas: *Steinwesen, Hüter und Wächter*
Kraft: *Schutz und Stärke*
Geometrie: *Kugel und Leitstrahl (Linie/Lichtkanal), Lichtdom*

Der blaue Strahl ist der Leitstrahl und die Kugel die Mutter der platonischen Körper, aus der alles hervorgeht. Die Kugel kann sich in alles augenblicklich hineinbewegen und erzeugt einen in sich geschlossenen Schwingungsraum. Auch die blaue Kugel verfügt über diese Fähigkeiten, und da alle Lichtfelder kugelförmig angelegt sind, kann sie sich überall und in allem aufbauen. Wenn wir Erzengel Michael rufen, so können wir beobachten, wie er mit seinem Lichtschwert Energie leitet, lenkt und löst, um die göttliche Ordnung wiederherzustellen. Wenn wir uns von A nach B bewegen wollen, so stellen wir uns hier, wo wir sind, und dort, wo wir hinwollen, in einer blauen Kugel vor. Wir sehen uns sicher und wohlbehalten ankommen. So aktivieren wir den blauen Leitstrahl, das kosmische Navigationssystem, das uns sicher führt, in einem Feld der unbegrenzten Möglichkeiten. Wir lenken und leiten Energie. Das, worauf wir uns fokussieren, holen wir in die Wirklichkeit. Achte deswegen stets auf deine Gedanken, Gefühle und Worte.

Goldenes Licht

***Meister:** Christus, Buddha, Kuthumi*
***Engel:** die Elohim des goldenen Strahls*
***Erzengel & Archaii:** Erzengel Jophiel & Lady Konstantia*
***Devas:** Landschaftsengel*
***Kraft:** Weisheit, Frieden, Erleuchtung*
***Geometrie:** Sonnenzeichen, Wellen, Kreise, Punkte und Lichtspiralen*

Der goldene Strahl ist der Strahl des Lehrens und des Lernens, der Weisheit und des Lichts. Seine Schwingung ist Segen – Segen sein und Segen spenden. Er erinnert an das Licht in allem und an das Lichtzentrum in jedem Einzelnen. Der goldene göttliche Kreis, den wir dreimal um uns herum ziehen können, erschafft einen abgeschlossenen Schwingungsraum, der uns stabil im Zentrum unseres Seins hält, sodass wir aus dem Zentrum unseres Herzens wirken können. Im Zentrum des Lichts pulsieren Wellen, verströmen wir Strahlen, Lichtpunkte und Spiralen, die Segen verbreiten. Wir können jederzeit aus unserem Herzen heraus segnen und Segen spenden.

Rosafarbenes Licht

Meisterin: *Lady Rowena*
Engel: *Elohim des rosafarbenen Strahls*
Erzengel & Archaii: *Erzengel Chamuel & Lady Charity*
Devas: *Blumendevas*
Kraft: *Fürsorge, Mildtätigkeit, Zartheit, Hingabe*
Geometrie: *Rose, Venusstern, Dodekaeder*

Rosa ist die Farbe der Öffnung, des Vertrauens, der Hingabe in Liebe, der kreativen Kraft und der Empfängnis. Indem wir uns widerstandslos in die Liebe hineinbegeben und uns für die Liebe in uns und in allem Leben öffnen, beginnt die Energie, auf kreative Weise zu fließen, und wir werden aus dem Herzen heraus geführt. Was die Liebe zusammenführt, kann der Mensch nicht trennen, er kann es über sein Herz und sein liebevolles Wirken in die Liebe und damit in die Einheit zurückführen. Dann löst es sich von allein. Rosa hilft, sich in Liebe hinzugeben und die Liebe jenseits aller Begrenzungen zu erkennen.

Kristallinweißes Licht

Meister: *Serapis Bey*
Engel: *die Elohim des weißen Strahls*
Erzengel & Archaii: *Erzengel Gabriel und Lady Hope*
Devas: *Einhörner, Pegasus, die Weiße Dame, Feen*
Kraft: *Aufstieg, Bereinigung, Erhöhung*
Geometrie: *Kristalle, Lichtkanäle, auf- und absteigende Lichtspiralen, DNA, vollständige Kundalini, magnetische Wellen aus dem Zentrum*

Kristallinweiß ist der Strahl der Schöpferkraft. Wir beginnen, durch unsere Gedanken, Gefühle und Taten das Urlicht zu formen und es damit in die Wirklichkeit zu holen, sprich, es zu kristallisieren. Genauso können wir Formen, die nicht im höchsten

Licht ausgerichtet sind, lösen und ins Licht zurückfließen lassen. Indem wir uns auf unser Lichtfeld, die Merkaba, konzentrieren und Lichtfelder aufbauen, kann sich alles wieder daran ausrichten. Im weißen Strahl achtet man auf das Licht, lenkt und leitet es spiralförmig, wie das Horn eines Einhorns, und richtet alle Ebenen wieder in der göttlichen Ordnung aus.

Grünes Licht

Meister: *Hilarion*
Engel: *die Elohim des grünen Strahls*
Erzengel & Archaii: *Erzengel Raphael & Mutter Maria*
Devas: *Heiler und Heilerinnen der Natur, Kräuterwesen, Elfen, Zwerge, Gnome, Pilzwesen*
Kraft: *Heilung, Wahrheit, Regeneration, Erneuerung*
Geometrie: *alle platonischen Körper im Einzelnen sowie in Metatrons Würfel zusammengefasst, Blume des Lebens, Kugel, Kreise, stromförmiger Energiefluss, heilende Frequenzen, geometrische Muster und Heilströme*

Grünes Licht erzeugt harmonische Schwingungsfelder, ja, Musik. Es verbindet kosmische (blaues Licht) und lichtvolle Ströme (goldenes, gelbes, weißes Licht) und erschafft ein Merkabafeld. Aus diesem Feld heraus entstehen Strömungen, die Felder harmonisieren, ausbalancieren, ausgleichen, reinigen und die Frequenzen in das Licht und den Kosmos hinein anheben, sodass Heilung geschehen kann. Heilung und heilig bedeuten, mit allen Ebenen und Dimensionen der Schöpfung verbunden zu sein. Indem wir uns gemäß der Heiligen Geometrie ausrichten, können wir diese Felder kanalisieren und in Ton, Farbe, Klang, im rechten und balancierten Maß, in heilsame Ströme umsetzen. Im grünen Strahl wirken wir vorwiegend im Klang und im Ton. Singen, Tönen, Klangschalen, und Gongs erheben uns in höhere Ebenen des Seins.

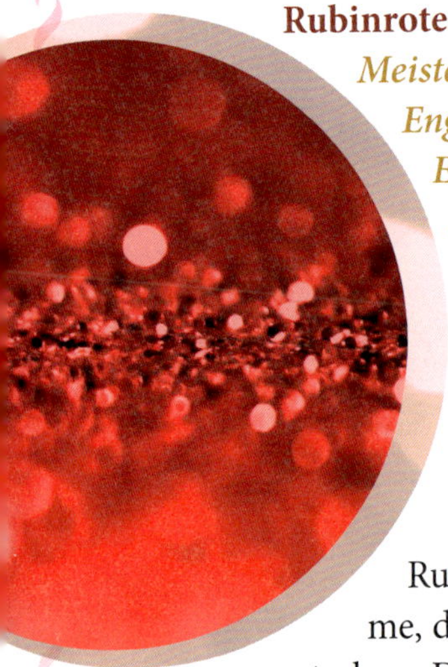

Rubinrotes Licht

Meister: *Christus, Maria Magdalena*
Engel: *die Elohim des runbinroten Strahls*
Erzengel & Archaii: *Erzengel Uriel & Donna Grazia*
Devas: *Lichtdevas, goldene Drachen, Feuerwesen*
Kraft: *Erleuchtung, Dienst, Energieerhöhung*
Geometrie: *Pyramide, Dreieck, Merkaba, Lichtfelder, Lichtausrichtung, Lichtlenkung, Lichtleitung*

Rubinrotes Licht erzeugt reinigende, heiße Ströme, die aus dem Licht kommen und zurück ins Licht streben. Die Pyramide ist das erste Ordnungssystem des Lichts. Wir haben ein pyramidales System in unserem Gehirn, das die Lichttore in das höhere Bewusstsein öffnet. Im Gebet, in der Hinwendung an das höchste Licht, öffnen wir die Lichtpforten in uns. Wir empfangen und wirken in diesem Licht. So wird Feuer, Licht, so werden Flammen und die unterschiedlichen Frequenzen des Lichts, wieder mit der Einheit verbunden. Die Dreifaltigkeit der Ströme wird hergestellt und kann aus der Einheit bis in die Form hineinwirken. Richte dich zuerst im Zentrum deines Herzens, in der Dreifaltigkeit des Lichts aus. Indem wir uns im Licht der Liebe ausrichten, das in unserem Herzen brennt, können wir dem Licht dienen und im Dienste des höchsten Lichts auf Erden wirken. So, wie es Bodhisattva und erleuchtete Wesen zu allen Zeiten hier auf Erden taten, um uns zu erinnern: Wir sind Licht von Licht. Im rubinfarbenen Licht gehen wir aktiv und konzentriert den Weg der Liebe und richten uns im Gebet und in der Stille immer wieder in ihm aus.

Violettes Licht

***Meister:** Saint Germain, Lady Portia, Quan Yin*
***Engel:** die Elohim des violetten Strahls*
***Erzengel & Archaii:** Erzengel Zadkiel & Lady Amethyst*
***Devas:** Naturwesen, die auflösen und umwandeln*
***Geometrie:** Vesica Pisces, Lichtspiralen, stromlinienförmige Wellen in das Licht, reinigende Flammen*

Das violette Licht ist tief in der Erde verankert. Es ist das reinigende geistige Feuer, das in Lichtspiralen und -kreisen aufsteigt, um Formen, die nicht mehr dienen, zu wandeln und in höhere Ebenen zu tragen. Violettes und ultraviolettes Licht sind das allsehende Auge, das wie mit einem Röntgenblick alles sehen, alles wahrnehmen, alles erfassen kann, von den unsichtbaren Ebenen über die sichtbaren Ebenen bis in die tiefen verborgenen Ebenen alter Speicher. Im violetten Licht durchschauen und erkennen wir die Wahrheit und die wahren Absichten. Wir reinigen all das, was nicht der Wahrheit entspricht.

Sei die lichtvolle Ursache für die reine und heilsame, heilige Wirkung des Lichts.

EXKURS: DAS EI

Geburt einer neuen Erde

Wird ein Ei durch eine Kraft von außen aufgebrochen,
endet das Leben.
Bricht das Ei allein von innen auf,
beginnt ein neues Leben.
Wahre lebendige Kraft kommt von innen.
Das neue Werden geschieht aus den inneren Ebenen heraus.

Die Eiform ist eine besondere Form und soll hier deshalb besondere Beachtung finden. Sie geht aus der Kugel hervor. Die Planeten in unserem Sonnensystem kreisen ellipsenförmig um die Sonne, und unser Sonnensystem schwingt sich in einer spiralförmigen Bewegung in das Zentrum unserer Galaxie zurück. Ei und Ellipse sind in der Geometrie spezielle geschlossene ovale Kurven, die ein bestimmtes Schwingungsfeld erzeugen.

Doch warum sind die Umlaufbahnen unseres Planetensystems nicht kugelförmig? Der Grund ist einfach: In einer Kugel ist Energie stetig in Bewegung, sie kann sich nicht an einem Punkt sammeln und konzentrieren. In einem Ei hingegen kann sich Energie an einem gewissen Punkt sammeln, sich um neues Leben konzentrieren und damit ein neues Bewusstsein hervorbringen.

Die Erde liegt in der Umlaufbahn der Planeten um die Sonne übrigens genau auf dem Herzpunkt. Sie wird von der Sonne, vom Licht gespeist. Die universellen Hauptströme werden von den Planeten unseres Sonnensystems geleitet.

Wir schwingen uns auf in das Licht. Die Zeit der Geburt der neuen Erde kommt. Das Erwachen geschieht aus der Dunkelheit heraus in das Licht und aus dem innersten Licht in die äußerste Form hinein. Durch die Erde geschieht ein planetares Erwachen im gesamten Universum.

ABSCHLUSS: *Aussicht auf ein Zeitalter des Friedens*

Jede Nacht reisen wir 858.240 km um die Sonne
und 6.256.000 km um das Zentrum der Milchstraße.
Wir drehen uns zurück in das Urlicht.
Unser Sonnensystem dreht sich auf diesem Weg zurück
in das Licht der Zentralsonne.
Neue Lichtfrequenzen treten ein.
Der Lichtkörperprozess hat begonnen.
Wir erkennen uns immer mehr als Teil eines großartigen,
noch weitgehend unerforschten Universums.
Unsere Blicke erheben sich wieder in das All. Wir erinnern uns.
Wir sind aus Sternenstaub, und unsere Heimat sind die Sterne.

Wir sind 2012 in eine neue Zeit eingetreten. Der Untergang der alten Welt, so, wie wir sie bisher gekannt und erlebt haben, ist abgeschlossen, und das Heraufdämmern einer neuen Welt, die wieder verbunden ist mit übergeordneten Ebenen, hat begonnen. Nachdem wir lange Zeit unseren Blick auf die materielle Form gerichtet haben, die getrennt ist, die einen Anfang und ein Ende hat, erheben wir uns jetzt über die Welt der Formen zurück in die Welt des lebendigen Geistes, der Liebe ist. Wir beginnen zu erkennen, zu erleuchten, zu erwachen. Etwas ganz Neues, noch nie Dagewesenes geschieht auf unserer Erde.

Während wir uns bisher lange in Stille nach oben (zum Teil durch die Zwischenschaltung von Meistern, Lehrern und spirituellen Führern) ausrichten mussten, um den lebendigen Liebesgeist zu spüren, wird dieser Lichtgeist jetzt direkt im Zentrum, in unserem Herzen, angeregt, ohne Zwischenschaltung. Der Zugang zur Weisheit des Kosmos öffnet sich direkt aus dem Zentrum eines jeden

Herzens. Somit erleben wir einen massiven Schritt und eine starke Veränderung der Frequenzen, was uns einen ganz neuen Zugang zum Allverständnis, zum Allwissen ermöglicht.

Wir werden uns zunächst auf uns selbst besinnen und lernen, uns selbst zu lieben. Wenn wir ganz in unserem Zentrum angekommen und selbstsicher – das heißt, uns unserer wahren Kraft sicher – sind, werden wir uns in einem neuen Wir mit der Natur und dem All verbinden. Die lebendige Blume des Lebens wird sich entfalten.

Wir entwickeln einen übergeordneten, ganzheitlichen Blick, der früher nur wenigen Seelen vorbehalten war. Wir werden zu Meistern und Meisterinnen des Lichts, die dem Liebesfunken in sich dienen und die Schleier der Illusionen lösen.

Vieles, was wir in der Vergangenheit gelernt haben, hat keine Gültigkeit mehr, was nicht heißt, dass es zu seiner Zeit eine große Bedeutung gehabt hätte. Wir beleuchten die holografische Wirklichkeit jetzt von vielen Seiten, aus vielen Dimensionen und Ebenen, sozusagen multidimensional. Wir verlassen die Zeitlinien, da wir erkennen, dass Zeit eine Illusion ist, und erkennen die Gleichzeitigkeit aller Ereignisse und Dimensionen, mit denen unsere Seele verbunden ist. Wir erwachen in der Seele, im Geist der Liebe.

Viele Dinge, die in der Vergangenheit ihren Sinn hatten, werden heutzutage zu Recht infrage gestellt und in einen größeren Zusammenhang gebracht und neu bewertet. Die Länder versammeln sich am Tisch der Welt, da sie alle Teil der Erde sind. Wir werden uns lösen aus zu begrenzten Formen der verschiedenen Religionen, aus zu materiellen, eingleisigen Sichtweisen auf das Leben. Wir werden nicht mehr sterben müssen, um nach Hause zu gehen, wir können direkt in unserer Heimat, im Licht verbunden, sein, immer und überall, ob in der Form oder im Geist oder in beidem.

Wir werden unser wahres Lichterbe entfesseln und Fähigkeiten entwickeln, die diese Welt noch nicht gesehen hat, obgleich wir sie schon in uns tragen. Wir werden uns von lebensfeindlichen Mustern lösen, da sie nicht dienlich sind. Wir werden uns aus der Übermacht einer universellen Kraft im Universum befreien, wie wir uns im vergangenen Zeitalter aus der Dominanz der männlichen Seite gegenüber der weiblichen Seite gelöst haben. Oder in Zeitaltern davor aus der Dominanz der weiblichen Seite gegenüber der männlichen Seite. Beides ist nicht mehr der Weg, da beide die Liebeskraft der Polaritätseinheit ausschließen.

Im neuen Zeitalter des Friedens werden die Dreifaltigkeit und die gleichwertigen polaren Kräfte im Universum, Männlich wie Weiblich, wieder in der Einheit, in einem freudvollen Miteinander der Weltenfamilie schwingen, und dadurch geschieht Frieden und Evolution. Wir werden uns nicht mehr im Entweder-oder aufhalten, sondern im Sowohl-als-auch. Wir werden Welten verbinden, im Leben auf der Erde, in unserer Heimat im Licht sein, Altes erlösen, da wir die Christuskraft, die Erlösung, in uns tragen und einen ganz neuen Schritt in der Evolution machen. Nicht nur für uns, sondern für das gesamte Universum, da alles miteinander verbunden ist und alles Auswirkungen auf alles andere hat.

Wir haben das Nullpunktfeld im Universum überschritten. Das versunkene Bewusstsein taucht wieder auf, wird durchflutet vom Licht (Zentralsonne). Das führt dazu, das wir uns erinnern, unsere wahren Fähigkeiten langsam erwachen, wir altes Karma erlösen können, wieder feinstofflicher werden, die Verbundenheit wieder wahrnehmen, mit unserer wahren Sternenheimat Kontakt aufnehmen, wodurch ein neues Bewusstsein sich direkt über unserem Herzensraum in unserem Inneren durch und mit uns manifestiert. Die Schleier der Illusion werden fallen, und die Vereinigung steht bevor.

Wir werden unsere Versprechen von einst an die verschiedenen Evolutionslinien, mit denen wir uns verbunden haben, um diese Erfahrung zu machen, jetzt einlösen. Neue oder auch ursprüngliche saubere technologische Energien wie Plasma und Vrilkraft werden nach und nach die Bühne dieser Welt betreten. Wir werden der Wandel sein, den wir uns wünschen. Wir werden die Erlösung und den Wandel in die Goldene Zeit des Friedens erleben. Es hat schon begonnen.

Das Wissen um die spirituelle Beziehung zum gesamten Universum ist ohne Bedeutung, denn Bewusstsein von irgendetwas ist nicht die Wirklichkeit jener Sache. Dass man von der Existenz der Liebe weiß, bedeutet nicht unbedingt zu lieben. Beginne in dir, beginne mit der Selbstliebe und dann mit der Liebe zu allem Leben, darin liegt der lebendige Schlüssel zu deinem Heim im Kosmos.

Frage dich mehrmals am Tag: »Wo in meinem Körper befinde ich mich gerade? Kommt die Wahrheit, die ich lebe, aus meinem Herzen oder aus meinem Verstand?«

Passe auf dich auf! Vertraue dem Leben! Wisse, jeder Tag ist ein Geschenk, und jeder Tag ist ein neuer Anfang. Das größte Geschenk des Lebens liegt im Leben selbst, im Zentrum eines jeden Herzens.

Das Feuer der Liebe und der tiefen Erkenntnis muss zuerst
in meinem Herzen brennen,
bevor ich andere Herzen entzünden kann.

Die Sonne im Herzen strahlt,
sie geht schon auf über der Welt im reinen Liebesgeist.
Die Luft ist rein und klar,
der Raum ist unendlich,
der Geist unsterblich,
das Göttliche ewig.
Schönheit und Harmonie unbeschreiblich.
Güte und Liebe unerschöpflich.
Die Weisheit unergründlich.
Das Liebeslicht allmächtig.
Der Regenbogen verbindet Himmel und Erde.
In der Verbindung bricht eine neue Zeit für die Welt an,
gleich einer langen, mühsamen, dunklen Nacht
vergeht eine alte Epoche und weicht dem neuen Zeitalter
einer lichtdurchfluteten Erde.

DANKSAGUNG

Ich danke der Geistigen Welt, die mich führt, beschützt, trägt und durch mich wie durch viele andere Menschen in diese Ebenen hineinwirkt. Ich danke all meinen Lehrern und Lehrerinnen in der Schule des Lebens, rund um den Globus, die mich auf meinem Weg auf verschiedenen Ebenen lehrten, unterrichteten, unterstützten, herausforderten und bis heute begleiten – Alchemie (Deutschland), Meister-, Strahlen- und Engellehre (Los Angeles, USA, und England), Rajayoga und Weisheitslehren (Indien) und vieles mehr. Durch die Weisheitslehren, Lichtstätten, Kraftplätze und Weisheitsfelder, die rund um den Globus existieren und gehütet werden, sind ganzheitliche und übergeordnete Sichtweisen möglich. Dies geschieht durch Meister und Meisterlehren, Meditation, Kontemplation, Atemlenkung, Forschung und Selbsterforschung, aktives erlernen und leiten des Lichts, Selbstentwicklung und tiefe innere Erkenntnis. Wir alle sind verbunden mit der unermesslichen Weisheit des Universums, da wir aus ihr bestehen. Im Kern verweisen alle Lehren auf die Liebe im Herzen, die der Schlüssel und der Weg nach Hause ist. Jeder von uns hat über die inneren Ebenen und durch sein individuell geprägtes Feld Zugang zu jeder Ebene und Dimension im Universum. Die Heilige Geometrie ist der allverbindende Schlüssel. Das Leben ist spirituell.

Ich möchte an dieser Stelle all den Menschen danken, die mich bei diesem Projekt unterstützt haben. Ich danke Markus und Heidi Schirner für ihr unermüdliches Wirken. Weiter danke ich meiner wunderbaren Lektorin Kerstin Noack für die Textarbeit und der Grafikerin Elena Lebsack für die wunderbare Gestaltung.

Ich danke von ganzem Herzen dem Ehepaar Gaby und Hans Hongsermeier für die wundervollen Gespräche und die tatkräftige

Unterstützung in den Kapiteln zum Thema Kohlenstoff, Diamant und Kristall. Hans Hongsemeier ist ein ausgezeichneter Spezialist und Steinekenner mit einem außerordentlichen Wissensschatz, ihm habe ich einige Kapitel in diesem Buch zu verdanken.

Ich danke den lichtvollen Ahnen und allen Menschen, die neues Bewusstsein hervorbringen und mit der Welt teilen. Ich danke meinem Mann Murat Karacay und meinen Kindern Silva, Samy und Keanu. Ich vertraue auf ein neues Werden für unsere Kinder und Kindeskinder.

Möge dieses Buch Segen und Inspiration sein, neue Impulse setzen und den Blick für den perfekten Plan, der in der Schöpfung wirkt, und für neue, evolutionäre Schritte, die wir aus unserer inneren Kraft heraus einleiten können, öffnen. Jedes Wort, jeder Gedanke, jede Schwingung wirkt weit in die Ewigkeit hinein. Wir sind verbunden in der Heiligen Geometrie, wir sind eins.

In Liebe
Jeanne Ruland

ÜBER DIE AUTORIN

Jeanne Ruland bereiste viele Jahre als Flugbegleiterin die Welt. In den besuchten Ländern erhielt sie vielfältige Einblicke in die verschiedensten Facetten der Schöpfung, wobei ihre Liebe seit jeher dem tieferen Sinn des Lebens gilt. Sie erfuhr schon in frühen Jahren die Führung und Fügungen des unsichtbaren Reiches und damit die unglaubliche Fülle und Kraft, die das Leben für den Menschen in den unterschiedlichsten Lebenslagen bereithält. Dies möchte sie in ihren Büchern weitergeben. Sie ist ausgebildet in der Engel, Meister- und Strahlenlehre, in Energiearbeit und Lichtarbeit, im Schamanismus und im Huna. Sie ist anerkannte Heilerin im Dachverband Geistiges Heilen e.V. (DGH). Seit 2000 ist sie als Autorin, Seminarleiterin, Schwitzhüttenleiterin, in der Lichtarbeit und Erdheilung und als Hunalehrerin tätig. Sie hält Vorträge, gibt Workshops und Seminare zu verschiedenen Themen.

www.shantila.de

BILDNACHWEIS

Bilder von der Bilddatenbank www.shutterstock.com:
Vor- und Nachsatz: #465130484 (©NaMaKuKi), #253646398 (©Onchira Wongsiri), #388663342 (©Veronika By)
Schmuckelemente: Hintergrund (Übungen): #167947319 (©Apostrophe); Hintergründe auf allen Seiten (Welle): Einleitung/Schluss: #253646398 (©Onchira Wongsiri), Grundbausteine der Schöpfung: #221897776 (©Sugarless), Elementarreich: #1100809673 (©Kedsirin.J), Reiche der lebendigen Erde: #361816592 (©fractal-an), Pflanzenreich: #343700114 (©Radu Bercan), Baumreich: #377243737 (©Kostiantyn), Pilzreich: #135495977 (©mythja), Tierreich: #465130484 (©NaMaKuKi), Menschenreich: #796371256 (©Veronika By), Engel-/Meisterreich: #150298193 (©9comeback); geometrische Formen: Blume des Lebens: #144072169 (©Peter Hermes Furian), Lotos: #455175709 (©Macon), Venusstern: #153605558 (©Anne Mathiasz), platonische Körper: #670464217 (©Anne Mathiasz), #695233552 (©Viktor Jarema), #327019823 (©elfinadesign), Sonnensymbol: #266456579 (©Liashenko Iryna), Metatrons Würfel: #287308697 (©elfinadesign), Diverse: #287007011 (©Marish)
Weitere Bilder: S. 3 #45104506 (©Serg64), S. 5 #34672219 (©zhuda), S. 6 #1313835158 (©ronnybas frimages), S. 8 #253646398 (©Onchira Wongsiri), S. 8 #1013606368 (©Nelson Charette Photo), S. 11 #1114245872 (©Veronika By), S. 17 #130159745 (©chuyuss), S. 24 #651685186 (©ktsdesign), S. 25 #1216337449 (©Sergey Nivens), S. 26 #628632575 (©N_Sakarin), S. 29 #524941648 (©Mminnano), S. 29 #1160956765 (©dani3315), S. 31/81 #1024447300 (©dugdax), S. 32 #796371256 (©Veronika By), S. 32 #106061774 (©Ase), S. 35 #1018159126 (©Rudmer Zwerver), S. 37 #120723580 (©Katerina Planina), S. 37 #287308697 (©elfinadesign), S. 38 #750703924 (©Andrew Mayovskyy), S. 42 #668593321 (©LedyX), S. 45 #1301887840 (©Fabio Lamanna), S. 48 #1005777274 (©CC7), S. 54 #1229132161 (©Shaiith), S. 58 #97696616 (©Creative Travel Projects), S. 61 #131432366 (©ben44), S. 62 #1198487014 (©Cimermane), S. 65 #82085926 (©Yellowj), S. 67 #112781923 (©keren-seg), S. 69 #501352789 (©Alex Yuzhakov), S. 74 #383488261 (©PHOTOCREO Michal Bednarek), S. 82 #1096788014 (©Kolbakova Olga), S. 84 #356797187 (©Vadim Sadovski), S. 87 #1037275663 (©Umesh Gogna), S. 93 #1047421096 (©rangizzz), S. 94 #523810459 (©MakeStory Studio), S. 98 #1226259100 (©Vera Larina), S. 101 #640779178 (©Mr Nai), S. 102 #404549587 (©SylvainB), S. 104 #577432135 (©Potapov Alexander), S. 109 #133358240 (©assistant), S. 112 #86476354 (©Ramona Heim), S. 114 #1291459894 (©Tanakorn studio), S. 115 #1043890534 (©Dmitr1ch), S. 117 #742153465 (©Ensuper), S. 119 #1225986973 (©Alexey V Smirnov), S. 120 #112050482 (©donatas1205), S. 122 #491649319 (©Peyker), S. 126 #618068714 (©Vadim Sadovski), S. 129 #184553570 (©wk1003mike), S. 135 #94715374 (©Anton Balazh), S. 136 #1056306710 (©Valeriy Leonov), S. 140 #710935936 (©Valeriy Leonov), S. 144 #110302532 (©Zoom Team), S. 147 #160239497 (©Sunny Forest), S. 149 #579458047 (©blew_s), S. 151 #1039210720 (©Simon Bratt), S. 153 #148935803 (©Kichigin), S. 154 #734992102 (©Subbotina Anna), S. 158 #603601574 (©Diyana Dimitrova), S. 163 #1172025433 (©finchfocus), S. 164 #472840558 (©marshalgonz), S. 167 #78068956 (©Mark Bridger), S. 167 #167947319 (©Apostrophe), S. 168 #1126957301 (©VladKK), S. 170 #524197882 (©Cristina Conti), S. 175 #95751340 (©gornostay), S. 177 #153605558 (©Anne Mathiasz), S. 179 #247657336 (©AboutLife), S. 180 #1060056509 (©yulianas), S. 181 #1312480889 (©CHAEMSAI), S. 182 #120723580 (©Katerina Planina), S. 183 #420540964 (©tomertu), S. 184 #526435963 (©Zodar), S. 185 #129364082 (©Roxana Bashyrova), S. 186 #1220191216 (©Nongnuch_L), S. 187 #750077836 (©tomertu), S. 188 #1209060394 (©JelenaBekvalac), S. 189 #509115685 (©Delpixel), S. 190 #274566236 (©Romolo Tavani), S. 195 #520389772 (©Triff), S. 197 #156860219 (©tea maeklong)

Schmuckelemente (Linienornament, Blütenranke): ©Anke Müller, Schirner
Platonische Körper: ©Anke Müller, Schirner